휠체어로 세계 속으로

휠체어로 세계 속으로
안성빈 기행에세이

초판 인쇄 2025년 11월 25일
초판 발행 2025년 11월 29일

지은이 안성빈
펴낸이 신현운
펴낸곳 연인M&B
기 획 여인화
디자인 이희정
마케팅 박한동
홍 보 정연순
등 록 2000년 3월 7일 제2-3037호
주 소 05056 서울특별시 광진구 자양로 73(자양동 628-25) 동원빌딩 5층 601호
전 화 (02)455-3987 팩스 02)3437-5975
홈주소 www.yeoninmb.co.kr
이메일 yeonin7@hanmail.net

값 18,000원

ⓒ 안성빈 2025 Printed in Korea

ISBN 978-89-6253-615-7 03810

후원

* 이 책은 한국장애인문화예술원의 후원을 받아 2025년 장애예술활성화지원사업의 일환으로 발간되었습니다.

* 이 책은 연인M&B가 저작권자와의 계약에 따라 발행한 것이므로 저자와 본사의 허락 없이는 어떠한 형태나 수단으로도 이 책의 내용을 이용하지 못합니다.

* 잘못된 책은 바꾸어 드립니다.

휠체어로 세계 속으로

미국 서부, 싱가포르 크루즈, 유럽 여행 편   안성빈 기행에세이

| 프롤로그 |

　나는 1998년(당시 26세)에 목뼈 속의 종양으로 인해 사지마비장애인이 되었다. 온몸을 쓰지 못하고 대소변도 받아 내야 하는 처지가 되고 나니 말로 다 표현할 수 없는 절망감이 나를 온통 사로잡았다. 이런 몸으로 평생 어떻게 살아야 하지… 그냥 죽고만 싶었다.

　그러다 2005년 5월 지역 장애인 단체 해외 연수 프로그램에 참여하게 되어 오사카와 도쿄를 다녀오게 되었다. 아무것도 할 수 없을 거라고 생각했는데 나는 활동지원사와 함께 난생처음으로 해외여행을 다녀오게 된 것이다. 나도 할 수 있다는 자신감이 생겼다. 그 이후 오늘날까지 11개국 37개 도시를 다녔다.

　내 인생은 해외여행을 다니기 시작하면서부터 바뀌었다고 해도 과언이 아니다. 지금 이 순간도 혼자서 밥도 못 먹는데, 화장실 처리도 못하는데, 휠체어가 들어갈 수 있는 호텔을 어떻게 구하지, 현지에서는 뭘 타고 이동해야 하지 등등으로 정말 가고 싶으나 해외여행을 시도조차 못하는 중증장애인들이 많을 것이다.

　혼자서 화장실 처리는커녕 물도 못 마시는, 책장도 넘길 수 없는 내가 활동지원사와 함께 전 세계를 누비며 다녔으니 우리 장애인 여러분들도 충분히 가고 싶은 곳에 갈 수 있다고 권면하고 싶다.

물론 계획한 것처럼 숙소가 넓지 않아 휠체어가 다니다가 조금 부딪히기도 하고 생각보다 대중교통이 편하지 않아 두 정거장 정도는 휠체어로 다니는 경우도 있지만 그것은 누구에게나 있는 인생의 변수에 지나지 않는다. 다 이겨 내고 할 수 있으니 걱정하지 말고 바로 버킷 리스트에 있는 그곳을 향하는 비행기 티켓을 알아보는 것이 어떨까? 그 설렘의 시작에 졸작이지만 이 책이 조금이나마 도움이 되기를 원한다.

또한 꼭 중증장애인이 아니더라도 고령이라 많이 걷기 힘들거나 유모차를 동반한 여행객이라면 계단과 턱없이 전동 휠체어로 직접 다닌 이 책의 여행 코스가 도움이 될 것이라고 생각한다.

그리고 내가 이 책에서 소개한 장소들을 여행한 시기는 2018~2019년이고 이 글들은 에이블뉴스 휠체어 여행 칼럼(2020~2022년)에 기고한 것이라 글 내용의 전체적인 시제와 각종 시세, 환율, 정보 등이 현재와는 다를 수 있음을 밝힌다.

사지마비의 몸이지만 내가 전 세계를 다닐 수 있도록 함께해 주신 내 인생의 은인이자 동역자인 안유선 님께 깊은 감사를 드리고, 함께 여행을 다녔지만 지금은 하늘의 별이 된 고 이일세, 황인수 님께 이 책을 바친다.

2025년 10월에
안성빈

| 차례 |

프롤로그 04
사지마비장애인의 해외여행 준비 A to Z 10

1. 미국 서부

라라랜드의 주인공을 꿈꾸며 16
미국인이 은퇴 후 가장 살고 싶은 곳, 샌디에이고를 가다 23
누구나 인어공주가 되는 씨월드 샌디에이고 27
도심 속의 낭만 씨포트 빌리지(Seaport Village) 34
LA에서 라스베이거스로 가는 길 37
美 은퇴 부부들이 많이 찾는 라스베이거스 44
휠체어로 즐기는 라스베이거스 호텔 투어와 'O Show' 47
바다사자들의 땅, 피어39 55
전동 휠체어로 금문교를 건너 보자 61
휠체어로 누비는 원시림, 뮤어우즈 67
자가 요트가 즐비한 부촌(富村), 소살리토 73
휠체어로 자유롭게 누비는 스틴슨 비치(Stinson Beach) 78
샌프란시스코 유니온 스퀘어에서 망중한(忙中閑) 83

2. 싱가포르 크루즈

아시아의 허브, 싱가포르 휠체어 여행	92
싱가포르의 랜드마크, 마리나 베이 샌즈 호텔	95
싱가포르의 허파 가든스 바이 더 베이(Gardens by the Bay)	100
북미정상회담 장소, 센토사(Sentosa)를 가다	105
사랑과 낭만의 장소, 클락키(Clarke Quay)	109
슬기로운 크루즈 생활	115
바다 위를 떠다니는 호텔, 크루즈	120
크루즈 선장이 주최하는 파티	126

3. 유럽

유럽 여행 준비	132
런던 지하철, 엘리베이터 없는 역 많아	136
전동 휠체어로 런던 2층 버스 타기	141
전동 휠체어로 템스강 유람선 타기	148
런던 여행, 버킹엄궁 근위대 교대식 놓치지 말자	154
웨스트민스터 사원, 영국 왕의 탄생과 죽음의 장소	161
런던, 휠체어 장애인도 소매치기 대상	166
해외여행 시 도난, 분실사고 대처요령	172
휠체어석이 있는 유로스타로 런던에서 파리로	176
파리 지하철 장애인 편의시설 좋지 않아	181
휠체어로 파리 개선문-샹젤리제 거리 다니기	184
파리의 상징 에펠탑에 오르다	189

전동 휠체어로 루브르박물관을 가다 ①	194
전동 휠체어로 루브르박물관을 가다 ②	198
전동 휠체어로 오르세 미술관을 가다	206
전동 휠체어로 몽마르트르 언덕을 오르다	211
프랑스 절대왕정의 상징 베르사유 궁전	218
바르셀로나를 찾은 이유	227
바르셀로나 공항에서 시내 들어가기	229
전원주택단지로 만들어진 구엘공원	232
140년 넘게 짓고 있는 사그라다 파밀리아	239
바르셀로나의 재래시장 보케리아 시장	246
무적함대 스페인의 영광을 연 콜럼버스 기념비	251

에필로그 256

사지마비장애인의
해외여행 준비 A to Z

　필자는 사지마비 중증장애인으로서 전동 휠체어를 타고 다니며 미국, 호주, 유럽 등을 여행하였다. 혼자서 대소변 처리를 할 수 없고 물도 떠 마실 수 없는 사지마비장애인이 어떻게 세계 곳곳을 다니며 여행했는지 그 생생한 이야기가 앞으로 펼쳐질 것이다. 지금은 많은 휠체어장애인들이 국내외 여행을 즐기고 있지만 아직도 자신의 중증장애 때문에 여행을 하고 싶어도 선뜻 실행하지 못하고 있는 동료 장애인들에게 미력하나마 도움이 되기를 바란다.

　필자는 개인적으로 이 글들이 최중증장애인으로서 해외여행을 준비하는 모든 것을 알려 주는 교본서의 역할을 할 수 있기 바란다. 쉽게 말하면 "최중증장애인의 해외여행 A to Z". 그래서 이 글이 '나도 해외여행을 해 봐야겠다!'는 동기부여가 되길 바란다.

먼저 우리 최중증장애인들이 해외여행을 생각할 때 걱정되는 몇 가지를 정리하는 것이 필요하겠다. ①항공권 구입과 탑승, ②현지 장애인 편의시설이 있는 숙박업소 예약, ③현지에서의 교통수단, ④휠체어가 가능한 여행 코스, 대충 이 정도로 요약할 수 있겠는데 하나씩 하나씩 이야기해 나아가겠다.

1. 항공권 구입과 탑승

휠체어를 타더라도 양손을 써서 조금만 도와주면 트랜스퍼가 되는 정도의 장애인이라면 사실 별 걱정 없이 비행기를 타고 해외여행을 즐기겠는데 필자와 같이 온몸을 전혀 쓰지 못하는 사지마비장애인이 어떻게 비행기를 탈 수 있으며 어떤 항공권을 구입하고 무엇을 문의해야 하는지를 막막해하는 분들이 있을 것이다.

일단 사지마비장애인이더라도 국내 메이저 항공사(대한항공, 아시아나항공)의 경우에는 남자 직원 두 사람이 들고 자리에 앉도록 도와주니 걱정할 필요가 없음을 말하고 시작하겠다. 항공권 구입 시 본인이 전동 휠체어를 이용하는 장애인이며 탑승 시에도 두 사람이 붙어 들어 옮겨야 한다는 것을 미리 고지하는 것이 중요하다. 이러한 서비스를 받으려면 아직까지 저비용 항공사는 무리가 있음을 알아야 한다.

그리고 중요한 것은 내가 사용하고 있는 전동 휠체어의 배터리 상태를 본인이 잘 알고 있어야 한다는 것이다. 티켓을 구매하고 인천

공항에 가서 수속할 때 반드시 물어보는 질문이기 때문이다. 리튬배터리는 절대로 비행기에 실을 수 없기 때문에 자신의 배터리가 리튬인지 확인해야 하며 또한 건식인지 습식인지를 명확히 본인이 알고 있어야 한다. 리튬이 아닌 건식(젤타입) 배터리는 아무 문제없이 비행기에 실을 수 있다. 문제는 습식 배터리인데 경우에 따라서는 조금 까다로운 절차를 밟아야 할 수 있다. 이런 모든 과정이 필요한 것은 전동 휠체어를 사이즈에 맞는 컨테이너 박스에 넣어 비행기 화물칸(카고)에 싣기 때문이다.

2. 현지 장애인 편의시설이 있는 숙박업소 예약

전동 휠체어가 들어갈 수 있는 면적과 각종 편의시설을 구비한 호텔을 찾는 것은 생각보다 쉽지는 않다. 물론 돈이 많아서 1박에 3~40만 원 하는 특급 호텔의 장애인 객실을 예약할 수 있다면 이야기는 달라지겠지만 대부분의 중증장애인들은 경제적인 여유가 그리 넉넉하지 않기 때문에 각종 호텔 검색 사이트나 휠체어 장애인 여행 카페들(휠체어로 세계로, 휠체어 배낭여행 등)의 후기글을 많이 참고할 수밖에 없다. 호텔 검색 사이트는 장애인 객실을 선택하여 검색하는 메뉴가 있기도 하니 자신의 예산에 맞는 호텔을 찾을 수 있다. 주의할 것은 장애인 객실이라고 해도 실제로 가 보면 방과 화장실이 너무 협소하여 전동 휠체어가 움직일 수 없는 경우가 있으니 방 면적을 최소한 20제곱미터 이상의 것으로 선택하고 자세한 설명과 사진이 없을 때에는 호텔에 직접 전화나 이메일로 문의하는 것이 필요하다.

3. 현지에서의 교통수단

전동 휠체어에서 조금도 움직일 수 없는 최중증장애인에게는 '현지 교통수단을 어떻게 이용해야 하나?'라는 큰 과제를 만나게 된다. 두 손이라도 쓴다면 트랜스퍼나 운전도 가능할 테니 현지 택시와 렌터카를 이용하면 될 텐데 이런 게 다 소용없으니 말이다. 그래서 필자는 100% 현지 대중교통수단을 이용하여 여행을 다닌 이야기를 써 나갈 것이다. 여행을 준비할 때 공항에서 시내까지, 숙소에서 관광지까지 무엇을 어떻게 타고 이동할 것인가를 살피는 것이 중요하다. 지하철, 저상 버스 등이 있는 여행지를 택해야 한다.

4. 휠체어가 가능한 여행 코스

아무리 기가 막힌 절경인 관광지라 해도 휠체어로 갈 수 없는 곳이라면 그림의 떡일 것이다. 우리 전동 휠체어가 쾌적하게 다닐 수 있는 여행 코스를 설계하는 것이 매우 중요하다. 여행을 계획하는 과정에서 관광지 정보를 현지 사이트를 통해 알아보고, 휠체어 여행 카페를 통하여 후기를 읽고 참조하는 것이 좋다.

자, 이렇게 대략적으로 준비 과정을 정리해 보았으니 본격적으로 다음 글부터는 미국 서부로 여행을 떠나 보겠다.

1. 미국 서부

라라랜드의
주인공을 꿈꾸며

> 미국 여행 시 인터넷으로 ESTA 받아야
> 그린피스 천문대는 해 질 무렵이 제일 좋아

지금부터는 미국 서부 여행의 이야기가 본격적으로 시작된다. 총 12일의 여정으로 떠나는 서부 여행은 로스앤젤레스(이하 LA)-샌디에이고-라스베이거스-샌프란시스코, 이렇게 4개 도시를 둘러볼 것이다. 그래서 왕복 항공권(아시아나항공)도 LA로 들어가고 샌프란시스코에서 나오는 것을 출국 9개월 전에 84만 원에 샀다. 꼭 가고픈 곳이 있다면 미리 예매하시길.

미국 여행을 준비할 때 꼭 기억해야 할 것이 있다. 바로 ESTA(Electronic System for Travel Authorization)를 인터넷으로 신청하여 발급받아야 한다. ESTA는 미국 정부기관에 의하여 미국으로의 비행기 혹은 선박 탑승 허가 이전에 여행객들을 미리 선별하기 위해 개발된 온라인 신청시스템이다. 비자 면제 프로그램으로 미국에 입국하는 모든 사람은 승인된 ESTA 비자 여행허가서를 소지해야 한다.

이것이 없으면 미국 입국이 안 되니 출국 전에 반드시 준비하자. 예전에는 미국 비자를 받으려고 미국 대사관에 긴 줄을 서야 했다는데 전자여권이 보편화된 요즘은 ESTA 홈페이지에서 수수료를 내고 ESTA를 받으면 된다. 최근에는 ESTA 홈페이지에 한국어도 지원된다고 하니 편하게 발급받을 수 있다.

2018년 1월 말 어느 오후, 나는 LA로 떠나는 비행기에 몸을 실었다. 12시간 반 정도의 비행시간이 나에게 큰 짐으로 다가왔지만 어려서부터 꼭 가고 싶었던 미국을 간다는 설레임으로 이를 극복하려 했다. 그러나 한번 자리에 앉으면 엉덩이를 전혀 뗄 수 없는 전신마비인 나는 역시 예상대로 엄청난 고통 끝에 오전 9시경 LA공항에 도착했다.

미국 여행을 준비하면서 여러 글을 읽어 보니 입국 심사 때 인터뷰를 잘해야 한다는 내용이 참 많았다. 주요 질문들도 정리되어 있었는데 실제로 입국 심사를 받아 보니 그 예상 질문들이 그대로 내게 주어졌다. 주로 ①무슨 일로 여기에 왔나? ②얼마 동안 여기에 있나? ③어디에서 묵을 것인가? ④LA 외에 다른 도시도 가는가? ⑤언제 한국으로 돌아가는가? 질문의 요는 이 사람이 미국에 들어와서 돌아가지 않을까 봐 묻는 것이다. 그러니 얼마 동안 있다가 언제 한국으로 돌아간다는 것을 정확하게 이야기해 주는 것이 중요하다.

LA공항에서 시내까지 들어가는 방법은 렌터카, 택시, 버스 등이 있다. 안타깝게도 지하철이 공항까지 이어져 있지 않기 때문에 나는 시내버스를 타고 공항에서 가장 가까운 지하철역까지 간 후 지하철로 LA 시내로 입성했다. 차로는 1시간 정도가 걸리는 거리였는데 초행이고 버스와 지하철을 갈아타며 오다 보니 2시간 정도 소요됐다.

먼저 한인타운 근처에 있는 숙소에 짐을 풀고 나는 서둘러 그린피스 천문대(Griffith Observatory, 월요일 휴무)로 향했다. 그린피스 천문대는 영화 〈라라랜드〉에서 남녀 주인공이 달빛 아래 춤추는 장면으로 유명하다. 나도 그 장면을 떠올리며 그린피스 천문대로 향한 것이다.

대중교통을 이용하여 그곳에 가려면 지하철로 버몬 선셋역(Vermont/Sunset Station)까지 간 후 거기서 천문대로 가는 DASH 버스를 타면 된다. DASH 버스는 휠체어가 들어갈 수 있는 저상 버스이고 기사도 친절했다. 정말 많은 관광객들이 이 버스를 이용하기 때문에 사람들이 우르르 몰려 타는 버스를 타면 실수는 없을 것이다. 20분 정도를 가면 그린피스에 도착한다. 아참, 천문대가 산 위에 있어 올라가는 길이 가파르니 버스 안에서 휠체어가 밀리지 않도록 주의하자.

그린피스 천문대를 제대로 관람하려면 해가 질 무렵에 가는 것이

그린피스 천문대(Griffith Observatory)

좋다. 왜냐하면 해가 있을 땐 LA 시내 전경을 360도 뷰로 볼 수 있고 해가 지고 나면 별이 쏟아질 것 같은 밤하늘과 LA 야경을 볼 수 있기 때문이다.

　DASH 버스에 내려 천문대로 서서히 올라가니 영화배우 제임스 딘(James Dean)의 동상이 있었다. 알고 보니 지금 우리는 영화 〈라라랜드〉로 그린피스 천문대를 많이 기억하고 있지만 이전에는 제임스 딘이 출연한 〈이유 없는 반항〉의 촬영지로 유명했다고 한다. 나는 이 사실을 나중에 알아서 그 당시 혼자 속으로 '제임스 딘이 여기 왜 있지?'라고 생각했다.

　그린피스 천문대는 매우 큰 규모의 천문대이다. 내부로 들어가면 태양계를 모형으로 만들어 놓은 곳이 있다. 행성들의 크기와 각 거리를 실제 크기와 거리에 맞는 비율로 만들어 놓아서 한눈에 태양계의 구조를 입체감 있게 볼 수 있다. 각 행성들의 크기, 둘레, 공자전 시간, 중력 크기 등을 아주 쉽게 소개하고 있어 아이들에게는 좋은 교육이 될 것 같았다.

　천문대 안 여기저기를 구경하다 보니 (아트숍 최고임!) 내가 기다리던 시간이 다가왔다. 바로 해가 지는 일몰의 시간. 나는 미리 LA의 일몰 시간을 검색해 갔기에 그때쯤 되어 전망대로 나왔다. 벌써 사람들이 자리를 잡기 시작했고 나는 LA 시내가 한눈에 내다보이는 테이블에 앉아 샌드위치와 커피를 시켜 놓고 해가 지기만을 기다렸다.

그린피스 천문대(Griffith Observatory) 과학관

1. 미국 서부

얼마나 지났을까. 벌건 태양이 저 멀리 지평선 아래로 떨어지고 있었다. LA 지역은 사실 사막 지역을 개척한 것이라 거의 평지이다. 우리나라처럼 서산 너머로 해가 지는 것이 아니라 지평선 아래로 해가 지는 모습이 장관이었다. 시간이 지나자 점점 밤하늘이 어두워지고 별이 하나둘 뜨기 시작한다. 서울에서는 구경하기 힘든 별들이 이곳에 다 몰려 있을 줄이야.

하늘에는 수많은 별들이 반짝거리고 아래로는 LA 야경이 반짝거리는 그린피스를 뒤로하고 나는 숙소로 돌아왔다.

숙소 근처에 바로 한인타운이 있어서 숙소에 들어가기 전에 간단한 음료수와 먹거리를 사러 한인타운을 갔는데 난 깜짝 놀랐다. 여기는 아메리카가 아니었다. 우리 동네에서 볼 수 있는 CU 편의점, 파리바게트, 김밥천국, 신선설렁탕 등이 있었다.

내가 가게 안으로 들어가자 너무나 밝은 웃음과 아주 정확한 우리말 발음으로 '안녕하세요?'라고 인사해 주던 스페인계 미국 청년의 얼굴이 지금도 선하다. 한인타운에 살면 영어 한마디 못해도 평생을 살 수 있다 하더니 직접 보니 정말 그랬다.

미국인이 은퇴 후 가장 살고 싶은 곳, 샌디에이고를 가다

가로등도 졸고 있는 가스램프 쿼터

LA 하면 디즈니랜드와 유니버설 스튜디오가 유명한데 먼저 다녀온 사람들이 아이들이 없으면 어른들은 굳이 안 가도 좋다 해서 난 바로 샌디에이고(San Diego)로 가는 암트랙(Amtrak)에 몸을 실었다. 그런데 지나고 나니 후회가 된다. 디즈니랜드와 유니버설 스튜디오 갈 것을… 여기가 원조(이후 난 오사카, 싱가포르, 파리에서 디즈니랜드와 유니버설 스튜디오를 만남)인데… 뭐 LA 또 가면 되지!

LA 시내 유니온역(Union Station)에서 암트랙을 타면 약 세 시간 만에 샌디에이고 산타페역(Santa Fe Depot)에 도착한다. 나는 예매를 하지 않고 현장에서 바로 샌디에이고행 열차표를 구매했는데 생각보다 유니온역이 크고 복잡해 매표창구를 찾기가 좀 어려웠다. 아참, 여권이 있어야 열차표를 구입할 수 있으니 꼭 기억하자.

암트랙은 미국 전역을 운행하는 우리나라 코레일과 비슷한 철도인데 LA에서 샌디에이고까지 가는 노선은 태평양을 오른쪽 창에 두고 세 시간 내내 가는 코스라 열차 창밖으로 보이는 바다 풍경이 아주 절경이다.

내가 LA 일정을 대폭 줄이고 샌디에이고로 바로 방향을 잡은 이유는 두 가지이다. 하나는 '도대체 어떤 도시길래 미국인들이 은퇴 후 살기 희망하는 도시 1위가 되었을까?' 하는 궁금증이고 두 번째는 씨월드(Sea World)의 범고래쇼를 보기 위해서다.

세 시간을 달려 산타페 역에 도착했다. 어느덧 해는 지고 어두워지고 있었다. 기차에서 내리자마자 나는 깜짝 놀랐다. 여기는 LA보다 훨씬 따뜻했다. 내가 여행할 당시 1월 말이었는데 LA 낮기온이 20도 정도까지 올랐는데 샌디에이고는 훨씬 더 따뜻했다. 하기사 당연한 일이다. 캘리포니아 최남단에 위치한 도시가 바로 샌디에이고이니 따뜻할 수밖에 여기서 더 밑으로 내려가면 멕시코와의 국경을 만날 수 있다.

이미 어두워진 산타페 디포역에서 여러 사람에게 물어 트롤리(샌디에이고 시내를 운행하는 트램)를 타고 숙소가 있는 가스램프 쿼터(Gaslamp Quarter)로 향했다. 가스램프 쿼터는 1800년 후반에 샌디에이고 개척 시에 붙은 이름이다. 그 당시에는 이곳이 큰 번화가였고 여기저기 가스램프가 가로등으로 켜 있었다고 한다.

산타페 디포역

가스램프 쿼터 거리

　어두워진 가스램프 쿼터는 불빛이 따뜻하게 느껴지는 곳이었다. 거리마다 퇴근한 미국인들이 마주 앉아 재미나게 얘기하며 맥주와 와인을 곁들여 저녁 식사를 여유롭게 하고, 지금은 가스램프는 아니지만 옛날식 가스램프 모양의 가로등이 이 거리의 운치를 더하고 있었다. 건물들도 옛 스타일이 많아 가스램프와 어울려 마치 마차가 다니고 모자를 쓰고 지팡이를 든 양복 입은 신사들이 다녔을 백 년 전의 거리 느낌이 나는, 신구(新舊)가 공존(共存)하는 곳이다.

　숙소를 찾아가는 길에는 노숙자들이 몇몇 누워 있었는데 놀라운

1. 미국 서부 **25**

건 아이와 애완견도 같이 있는 가족도 있었다. 참고로 미국에서는 이런 분들을 보통 길에서 쉽게 만날 수 있다. 휠체어로 다닐 때 조심하시길.

　숙소에 짐을 풀고 허기를 달래기 위해 식당을 찾다가 발견한 이태리 식당은 의외로 맛집이었다. 영화 〈대부〉에서나 보던, 여러 크기의 가족사진들과 각종 상패가 벽 곳곳에 붙어 있는 이태리식 데코가 인상적인 넓은 내부에는 테이블이 많았고 한쪽 큰 테이블에는 이태리 말로 시끄럽게 떠들며 식사를 하고 있는 아이 둘 포함한 7, 8명 정도의 이태리계 미국인 손님들이 자리 잡고 있었다.

　신선한 채소와 해물이 풍부했던 지중해식 샐러드와 지금은 이름도 잊었지만 각종 해물에 토마토 소스가 어우러진 탕 같은 요리는 매우 훌륭했다. 뜻하지 않게 맛집을 들어가게 된 것이다. 그제도 동네 이태리 식당에서 식사를 했지만 아직 난 샌디에이고에서 먹던 그 요리와 그 깊은 맛을 찾지 못했다.

　내일은 샌디에이고의 상징인 씨월드로 간다.

누구나 인어공주가 되는
씨월드 샌디에이고

| 범고래쇼는 씨월드의 백미

 숙소인 가스램프 쿼터에서 씨월드로 가는 방법은 트롤리를 타고 올드 타운 트랜싯 센터(Old Town Transit Center)에 내려 9번 버스를 타고 가면 된다. 트롤리는 샌디에이고 시내를 운행하는 작은 트램인데 우리나라 지하철에 비해 매우 작고 귀엽다. 우리나라의 경전철 정도로 보면 가장 비슷할 것이다.

 휠체어로 트롤리를 타려면 먼저 승강장에 있는 티켓머신을 통해 표를 구입하고 트롤리가 도착하면

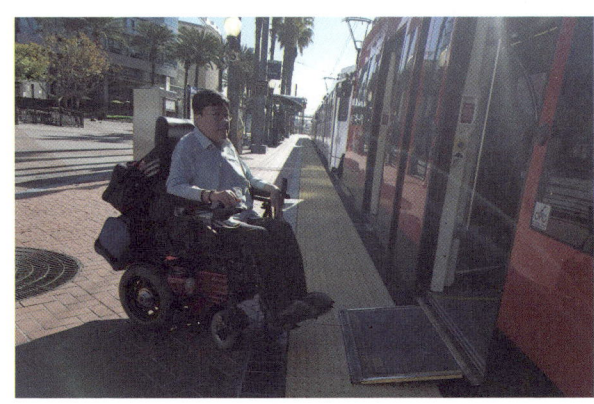

샌디에이고 트램

1. 미국 서부

씨월드 앞

출입문 옆에 있는 휠체어 표시 버튼을 누르면 휠체어 경사로가 자동으로 펼쳐진다. 아주 편리하게 승하차가 가능하며 특히 티켓 검사는 매번 하지 않으나 가끔 검표원이 돌아다닌다 하니 따로 표 검사를 하지 않는다고 무임승차하면 안 될 것이다.

샌디에이고 하면 가장 유명한 곳이 바로 씨월드이다. 1964년에 개장한 이곳은 다양한 해양 생물들을 관람할 수 있는 곳으로 특히 어린이들의 사랑을 받고 있다. 열대, 온대, 극지방에 서식하는 생물들의 환경에 맞게 대형 수족관을 만들어 관광객들이 지구 곳곳에 살고 있는 해양 생물들을 볼 수 있어서 매우 흥미롭다. 나는 국내외 많은 수족관과 아쿠아리움을 갔었지만 씨월드 만큼 다양하고 규모가 큰 곳은 처음이었다.

씨월드에는 높이가 100m 가량 되는 스카이타워가 있다. 그곳에 오르면 샌디에이고항, 공항 등 샌디에이고의 모습을 한눈에 내려다 볼 수 있다. 360도로 회전하면서 오르고 내리기 때문에 그야말로 샌디에이고의 360도 뷰를 감상할 수 있는 곳이다. 물론 휠체어로도 관람 가능하다.

씨월드의 백미는 범고래쇼이다. 다들 이것을 보기 위해서 미국 전역은 물론이고 세계 곳곳에서 이곳을 찾는다. 미국 아이들은 디즈니랜드와 씨월드를 평소 가고 싶은 버킷 리스트로 꼽는다 하니 그 명성을 짐작하고도 남음이 있다. 나도 방송매체에서 보고 매료되어 내 눈으로 직접 보기 위해 이곳을 온 것이다.

 범고래쇼는 시간표가 따로 나와 있으니 그것을 보고 쇼를 놓치지 않기를 부탁한다. 쇼가 시작되기 30분 전부터는 씨월드 안에서 쇼를 알리는 방송이 나온다. 그리고 수많은 사람들이 어디에 홀린 듯이 한곳으로 움직이기 시작하는 것을 쉽게 느낄 수 있다. 쇼가 곧 시작된다는 뜻이다.

 범고래쇼가 펼쳐지는 공연장은 매우 큰 규모로 관중들이 반원형 스탠드 석에 앉아 수중무대를 바라볼 수 있는 구조이고 너무나 친절하게도 휠체어석도 따로 예쁘게 마련되어 있다. 내가 간 날은 평일이라 그런지 씨월드 내에는 사람들이 그리 많지 않았으나 범고래쇼 공연장에는 정말 많은 사람들이 약속이나 한 것처럼 순식간에 모여들었다.

 쇼가 시작되자 조련사가 나오고 조련사의 지시대로 집채만한 큰 범고래가 수면 위로 솟구쳐 올라 하늘로 점프한 후 물속으로 들어가는 모습은 눈으로 보고도 믿기지 않을 만큼 놀라운 광경이었다. 이내 범고래 한 쌍이 서로 교차하며 수면 위로 뛰어오르고 조련사를 등에 태운 채 물살을 가른다. 마치 인어공주의 한 장면처럼 말이다.

 한 가지 팁을 드리자면 관중석 맨 앞줄은 젖는 지역(Soak Zone)이라 해서 범고래의 물 공격을 받는 곳이다. 얘네들이 쇼를 시작하게 되

씨월드 범고래쇼

면 물이 4D로 엄청 튀는 곳이니깐 우의를 준비하지 않았다면 맨 앞 줄은 피하는 것이 좋겠다.

강아지쇼

씨월드의 또 하나의 즐거움은 어린이를 위한 애완동물 쇼(Pets Show)이다. 아이들이 좋아하는 갖가지 강아지, 돼지들이 뽀미언니 같은 예쁜 조련사 언니의 지시 아래 재롱을 부리는 쇼이다. 예쁜 조련사 언니가 아이들의 눈높이에 맞춰 재밌는 멘트도 날리고 귀여운 동물들이 앙증맞게 쇼를 선보이기에 아이들에게는 이곳이 단연 1등이다. 아이들을 동반한 가족이라면 이곳은 꼭 둘러봐야 한다. 어른들이 보기에도 매우 재밌는 곳이니 놓치지 말기 바란다.

그리고 씨월드에서 내가 추천하는 것은 식사가 포함된 자유이용권이다. 씨월드 안에는 수족관만 있는 것이 아니다. 우리나라 놀이동산처럼 롤러코스터, 회전목마, 바이킹 등 여러 놀이기구들이 있다. 우리나라 롯데월드만큼의 놀이기구가 있는 듯했다. 나는 전동휠체어를 타고 있어 아무것도 탈 수 없었지만 아이들을 동반한다면 이 놀이기구들을 다 탈 수 있는 식사 포함 자유이용권을 추천한다.

이 티켓을 구입하면 무제한으로 놀이기구들을 탈 수 있고 무제한으로 식사를 즐길 수 있다. 씨월드 안에는 아주 여러 식당들이 있는데 한 시간의 텀을 준다면 식당 문 닫을 때까지 몇 번이고 식당을 돌아가며 먹을 수 있는 것이다. 예를 들면 A식당에서 12시에 식사를 하였다면 13시가 넘으면 B식당에서 식사를 할 수 있는 것이다. 문제는 가격이 비싸다. 1인 14만 원 정도이다. 나중에 안 것인데 국내 인터넷 구매업체를 통해 구하면 10만 원 정도에 구매가 가능하다. 나는 본전이 생각나 최대한 많이 먹으려고 했으나 너무 배가 불러서 세 집밖에 가지 못했다.

씨월드는 단순한 아쿠아리움을 넘어 남부 캘리포니아 해안에서 다치거나 홀로 낙오된 해양 동물들을 치료하고 다시 야생으로 돌아갈 수 있도록 적응 훈련을 시키는 보호소 역할도 한다고 한다. 샌디에이고 미션 베이 인근에 자리한 씨월드에서는 다양한 방식을 통해 해양 생물과 그 중요성에 대해 배울 수 있어 아이들에겐 의미 있는 환경 교육이 될 것이다. 또한 2017년에 개장한 오션 익스플로러(Ocean Explorer) 구역에서는 가족 모두가 함께 심해 모험을 떠날 수 있다.

한나절 어린아이 같은 마음으로 씨월드에서 놀다가 숙소로 돌아가는 길에서 본 샌디에이고의 석양은 지금도 잊지 못하는 한 장면으로 남아 있다. 길게 뻗은 야자수 위 하늘이 불이 붙은 듯 붉게 물들었던 그곳의 노을을 언제 또 볼 수 있으려나.

도심 속의 낭만
씨포트 빌리지(Seaport Village)

씨포트 빌리지(Seaport Village)는 샌디에이고 만을 따라 상점과 레스토랑 그리고 산책길과 작은 공원이 어우러진 곳이다. 시원한 바닷바람을 맞으며 샌디에이고의 낭만을 느낄 수 있다. 거리에는 다양한 공연이 열리고 재미있는 물건들을 파는 노점상도 줄지어 있어 산책 삼아 걸으며 구경하기 좋다. 청춘남녀부터 노부부까지 누구나 사랑을 속삭이는 이곳은 샌디에이고의 대표적 데이트 장소이다.

또 가벼운 식사를 하기 좋은 체인 레스토랑이나 패스트푸드점이 밀집해 있고 아기자기한 기념품을 파는 상점들이 모여 있어 샌디에이고 기념품을 한 번에 구입하기 좋다. 씨포트 빌리지 내에 주차가 가능하며 식사나 물품 구매 영수증을 보여 주면 무료이거나 할인이 가능하다.

씨포트 빌리지에서 해안 산책로를 따라 걷다 보면 미드웨이호를 마주할 수 있다. USS Midway Museum 미드웨이호는 2차 세계대전 당시 참전한 5만 9천 톤급 항공모함으로 1991년 걸프전에 참전한 것을 마지막으로 퇴역 후 이곳 샌디에이고에서 관광 포인트 및 박물관으로 사용되고 있다. 박물관을 입장하려면 돈을 내야 하는데 겉에서 보는 것만으로도 충분한 것 같아 따로 입장은 하지 않았다.

여기까지 구경하고 샌디에이고의 일정은 마쳤고, 나는 다음 목적지인 라스베이거스를 가기 위하여 다시 LA로 가는 암트랙 열차에 몸을 실었다. LA에서 비행기로 라스베이거스를 가기 때문에 다시 LA로 가야만 하는 것이다.

2박 3일 동안 샌디에이고를 다녀 보니 정말 미국인들이 은퇴 후 가장 살기 원하는 Top 1으로 꼽을 만한 곳이었

암트랙 열차의 휠체어석

다. 일단 1월 말인데도 불구하고 낮 기온이 25도까지 오르고 연일 햇살이 눈부셨다. 사람들도 날씨처럼 온화하고 따뜻한 인상이었고 모든 것이 여유가 있는 곳이었다.

1. 미국 서부   35

특히 휠체어장애인이 다니기에도 아주 편리한 트롤리가 있고 시내버스가 있어서 불편함 없이 여기저기를 다닐 수 있었다. 여행객의 입장에서 보아서 그런지 모르겠지만 내 눈에 보이는 사람들은 하나같이 느긋하고 여유로운 분위기였다. 물론 그 안에도 나름 삶의 치열한 현장이 있겠지만.

다시 한 번 미국 서부 여행을 하게 된다면 샌디에이고에서만 묵으면서 느긋한 휴식을 갖고 싶다. 마치 모든 것을 마치고 은퇴한 사람처럼 말이다. 이런 곳에서 한 달만 지낸다면 마음이 넓어지고 모든 것을 수용할 수 있는 여유가 생길 것 같다.

지금처럼 글을 쓰는 것도 거기에서 쓴다면 더 부드럽고 촉촉한 내용들이 나오지 않을까 싶다. 얼마 살아오지 않은 인생이지만, 도시 전체의 여유로움 때문에 인생을 되돌아보는 사색이 절로 나오는 곳, 샌디에이고를 강력 추천하고 싶다.

나는 이제 행운과 유흥의 도시 라스베이거스로 향한다.

LA에서
라스베이거스로 가는 길

> **미국 항공사 휠체어 장애인 승객 서비스 철저**

  샌디에이고에서 2박 3일을 보낸 후 나는 라스베이거스로 가기 위하여 LA로 다시 돌아왔다. 거기서 1박을 한 후 다음 날 아침 호텔 프론트에 휠체어가 탑승할 수 있는 택시를 불러 달라 요청해서 그 택시를 타고 40분 정도 달려 LA공항에 도착했다. '버진 아메리카'라는 항공사를 이용했는데 조금 저렴한 값이(1인 편도 8만 원 정도)라 우리나라 저비용 항공사를 생각하여 휠체어 승객에 대한 서비스가 열악하면 어쩌나… 의심이 살짝 들었다.

  모든 수속을 마치고 게이트 앞에서 기다리고 있는데 나는 아무래도 걱정이 되어서 게이트 앞에 있는 항공사 직원에게 이런, 이런 도움이 필요하다고 말하였다. 그 직원은 백인 중년 여성이었는데 나한테 아주 쿨하게 "아무 걱정하지 마라, 우리는 당신과 같은 승객을 위한 모든 도움이 준비가 되어 있다."라면서 내 어깨를 두 번 툭툭 쳤다. 그녀의 말과 행동이 매우 믿음이 갔고 더 이상 마음 졸이지 않고 비행기 시간을 느긋하게 기다리다 탑승했다.

LA에서 라스베이거스까지는 차로는 한 5시간 걸리고 비행기로는 1시간이면 도착한다. 날아가는 내내 창문에서 보이는 미국 서부 네바다 사막지대의 모습이 매우 인상적이었다. 우리나라에서는 볼 수 없는 나무가 하나도 없는 벌거숭이 모레 언덕 같은 산과 사막 그리고 선인장들이 그곳을 채우고 있을 뿐이다. 보고만 있어도 내 피부가 다 건조해지는 듯하다.

금세 라스베이거스에 도착했다. 공항 직원의 에스코트를 받으며 택시 승강장까지 아주 편히 나왔다. 직원의 에스코트를 받는 휠체어 장애인 승객은 나 말고 세 명이나 더 있었다. 그중 내 또래의 백인 남성이 기억이 남는데 친절하게 자신의 직업과 라스베이거스를 간단하게 소개해 주었다. 내가 유심히 보는 것은 바로 팁이다. 과연 에스코트 서비스를 받으면 얼마의 팁을 줘야 하나?

Tip 1. 여기서 잠깐 미국 팁 문화를 소개하고자 한다. 나도 거기 현지인이 아니고 관광객으로 있다 알게 된 정보와 현재 미국에서 오래 거주하고 있는 지인으로부터 들은 정보를 설명하는 것이라 다소 차이는 있을 수 있겠다.
팁은 봉사료이다. 어떤 직원의 손을 통해 내게 서비스되었다면 미

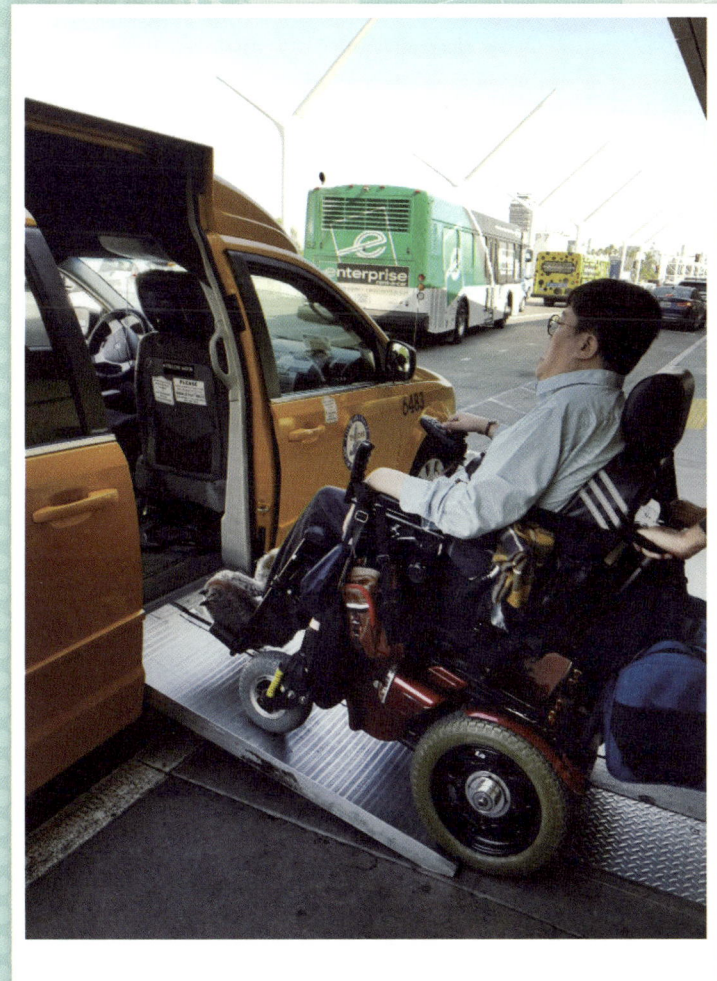

LA 택시

국에서는 팁을 줘야 한다. 예를 들면 내가 식당에서 음식을 주문하고 종업원이 그 음식을 들고 내 자리까지 갖다 주었다면 종업원의 손을 거쳐서 내게 온 것이기 때문에 팁을 줘야 한다. 푸드코트와 같이 또 맥도날드와 같이 내가 직접 음식을 가져온다면 팁을 줄 필요가 없다. 팁을 줘야 하는 식당에서는 종업원들이 계속 다니면서 비어진 내 물컵에 물을 따라 주고 뭐가 필요한지 계속 물어본다.

물론 강제 사항은 아니다. 그러나 대부분의 미국인들이 팁을 준다. 현지에 사는 지인으로부터 들은 얘기가 인상적이다. 어디 가서 팁을 어떻게 줘야 하나 눈치를 살피려면 중년 백인 손님들이 어떻게 팁을 주나 보면 된다고 했다. 우리와 같은 여행객이나 젊은 사람들은 팁 문화를 몰라서 못 주거나 아니면 알아도 안 주는 경우가 간혹 있다고 했다. 이 말을 듣고 미국 여행 내내 내가 식당에서 식사를 한 후 중년 백인들을 살펴보니 정말 100% 팁을 놓고 가는 모습을 보았다.

공항에서 장애인 승객 에스코트를 받은 나는 팁을 줘야 하나 말아야 하나 망설이고 있는데 아니나 다를까 내 지인의 말이 적중했다. 아까 언급한 백인 남성 휠체어 장애인은 서비스를 다 받고 택시 승강장에 도착하자 주머니에서 미리 준비해 놓았는지 2달러를 꺼내어 그 직원에게 주었다. 나도 들은 대로 본대로 2달러를 직원에게 주었다.

미국 여행을 하다 보면 예산이 조금 더 초과된다. 왜냐면 가는 곳마다 팁을 줘야 하기 때문이다. 특별히 우리와 같은 휠체어 장애인들은 어디를 가든 도움을 받는 경우가 많이 생긴다. 나 같은 경우 호텔 직원을 불러 휠체어에서 침대로 옮기는 도움을 아침저녁으로 매일 받았다. 그냥 상냥하게 '땡큐!' 한마디 하고 지나갈 수도 있으나 내 지인의 말처럼 내가 정말 고마운 도움을 받았다면 팁을 주는 것이 좋은 것 같다. 미국 여행 시에는 1달러짜리 지폐를 많이 준비해 놓기를 권하고 싶다.

라스베이거스 공항 택시 승강장에 도착하니 각종 호텔의 셔틀버스가 손님을 기다리기 위해 잔뜩 대기하고 있었다. Tip 2. 여기서 중요한 팁 하나 드리자면 라스베이거스 공항에서 우리가 아는 카지노 호텔들이 잔뜩 있는 메인 스트리트까지 가는 방법은 아주 쉽다. 손님을 태우러 기다리고 있는 각종 호텔 셔틀버스들이 대기하고 있다. 여러 호텔 셔틀버스가 대기하고 있기에 자신의 호텔명을 찾아 버스를 타면 되고 자신의 호텔 셔틀버스가 없다 하여도 미리 검색하여서 근처 호텔 셔틀버스를 탄다면 그 호텔에 도착하여 자신의 호텔까지 걸어가면 된다. 호텔들이 정말 밀집해 있기 때문에 조금만 걸어도 된다.

물론 무료는 아니다. 지금은 정확히 기억은 안 나는데 10~15달러 정도인 거 같다. 그 호텔 셔틀버스 중에는 휠체어 리프트가 달려 있는 버스도 있다. 나는 그것을 이용하여 라스베이거스 메인 스트리트로 들어갔다. 내 짐을 들어서 버스에 실어 준 기사에게도 기분 좋게

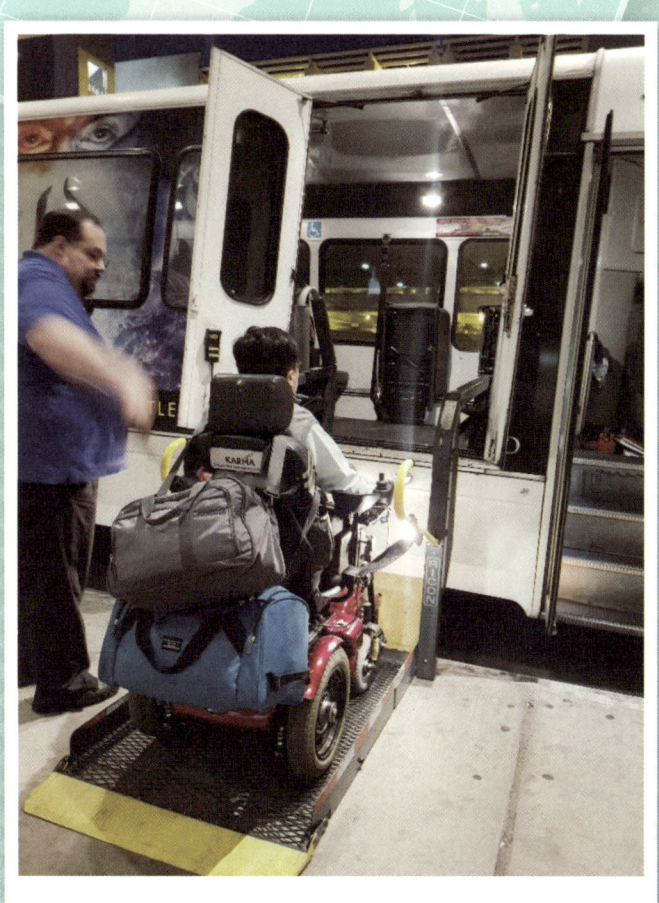

휠체어 리프트 호텔 셔틀버스

팁도 주면서… 이렇게 다른 사람의 손을 거쳤다면 팁을 줘야 하는 문화이다.

호텔에 도착하니 벌써 어두워졌다. 여행 책자에서 또 블로그 여행 후기에서 본 것처럼 체크인하는 줄이 얼마나 긴지 말로 다 설명할 수가 없을 정도. 나는 그래도 평일이라 이 정도이지 금요일에 도착했다면 1시간 반은 기다렸을 것이다. 체크인을 마치고 짐을 방에 푼 후 저녁을 먹으러 호텔 식당으로 내려갔다.

나는 스테이크를 주문해서 기다리고 있는데 그곳 식당 분위기가 매우 낯설었다. 일단 우리나라와는 달리 조명이 매우 어둡다. 천장에 밝은 조명이 달려 있는 것이 아니라 테이블마다 작은 스탠드 하나씩을 켜 놓고 있어 메뉴판의 글자가 어두워 잘 보이지 않을 정도였다. 내 테이블을 담당하는 웨이트리스한테 불이 너무 어둡다고 했더니 테이블 가운데에 있던 작은 스탠드를 내 앞으로 끌어다 주었다.

거의 백인들만 잔뜩 모여서 뭐가 그리 신나는지 이야기를 나누며 식사를 하고 느긋한 저녁 시간을 보내고 있는 모습이 매우 여유로워 보였다. 식사를 한 후 나는 카지노로 향했다.

美 은퇴 부부들이 많이 찾는
라스베이거스

> **라스베이거스 호텔 숙박비는 비교적 저렴**

　라스베이거스에 도착한 첫날 저녁, 나는 카지노로 향했다. 내 생에 처음 가 보는 카지노였다. 일단 잠깐 소개를 하면, 라스베이거스에는 정말 많은 특급 호텔들이 있다. 이 호텔들마다 거의 카지노가 있다고 보면 된다. 그래서 여러 호텔들을 다니며 카지노를 경험해 보는 것도 재미있는 경험이 될 것이다.

　나는 내 숙소의 카지노를 갔는데 일단 규모가 어마어마하고 가장 인상적인 것은 담배 연기가 자욱하다는 것이다. 여러 호텔들의 카지노를 갔었는데 금연 카지노는 보지 못한 것 같다. 카지노의 갬블 기계도 여러 가지라 처음 가 보는 내게는 어떤 것을 해야 할지… 라는 약간의 걱정이 들 정도다. 그런데 다른 사람들이 하는 것을 옆에서 조금 지켜보면 이용방법은 쉽게 터득할 수가 있다. 그리고 대부분

코인 교환 없이 현금으로 바로 게임을 할 수 있어 매우 편리하다.

　나는 영화에서 흔히 보는 것처럼 단정한 턱시도를 입고 있는 딜러 앞에 멋있게 앉아 카드를 주고받으며 카지노를 즐기고 싶었는데, 아쉽게도 나는 그 룰을 알지 못하여 멀리서 지켜보기만 했다. 게임의 종류도 참 여러 가지고 룰도 다양하여 외국인 여행객으로서는 쉽게 접하지 못하는 것들도 참 많으니 카지노를 방문할 예정이라면 인터넷으로 여러 가지 게임 방법을 숙지한 후 가는 것이 좋을 것이다. 그렇지 않으면 나처럼 기계에 돈을 넣고 숫자나 그림을 맞추는 간단한 게임밖에 할 수 없을 것이다.

　참 많은 사람들이 게임을 즐기고 있었다. 내가 간 곳은 거의 백인들만 가득한 곳이었는데 은퇴한 어르신들이 부부 단위로 라스베이거스에 놀러와 카지노에서 매우 신나는 표정으로 즐기는 모습은 보는 사람으로 하여금 흐뭇한 미소를 머금게 했다.

　여기서 Tip 1. 라스베이거스 호텔은 특급 호텔인데도 숙박비가 비교적 저렴하다. 내가 묵은 곳도 조식 불포함하여 1박에 8만 원 정도밖에 되지 않았다(2018년 1월 기준). 물론 아주 비싼 호텔도 있겠으나 미국 다른 곳에 비하면 저렴한 값으로 좋은 호텔에서 지낼 수 있다. 아마도 저렴한 값에 손님을 유치하여 호텔의 카지노, 바, 제반시설 등을 이용하게끔 하는 듯하다.

초반에는 운이 좋게도 돈을 따는 듯했으나 자꾸 하다 보니 결국 본전치기만 했고 밤이 늦어 잠자리에 들었다. 내일은 라스베이거스의 메인 스트리트를 걸어 다니며 세계적으로 유명한 호텔들을 투어할 것이고 저녁에는 그 유명한 'O Show'를 관람할 것이다.

휠체어로 즐기는
라스베이거스 호텔 투어와 'O Show'

▍노천 카페서 카프치노 한잔의 여유

 오늘부터는 본격적으로 라스베이거스의 호텔 투어와 저녁에 유명 공연을 관람할 것이다. 라스베이거스는 모두가 아는 것처럼 카지노로 유명하지만 워낙 호텔들이 많이 있기 때문에 메인 스트리트를 따라 즐비해 있는 특급 호텔들을 구경하는 것도 꽤 큰 재미이다. 왜냐면 호텔들이 각기 특성이 있고 관광객들에게 큰 볼거리와 먹거리를 제공하기 때문이다.

 디즈니 만화나 동화에서 보는 백설공주를 비롯한 많은 캐릭터를 상징화하여 호텔을 꾸민 곳도 있어서 마치 동화 속의 나라에 온 것 같은 느낌을 가질 수 있다. 또한 파리 에펠탑, 이집트 피라미드, 뉴욕의 자유의 여신상, 파리의 개선문 등 세계 곳곳의 랜드마크를 미니어처로 꾸며 놓은 곳도 있어 한곳에서 세계 여러 도시들을 둘러보는 재미가 있다. 아쉽게도 우리나라의 랜드마크는 거기에 있지 않다.

 호텔들마다 유명한 음식들이 있는 것으로도 유명하다. 미리 라스베이거스 호텔 맛집을 검색하여 먹고 싶었던 것을 찾아다니며 먹는 것도 꽤 흥미로운 일이다. 나는 게 요리를 먹으려 했다. 벨라지오 호텔의 게 요리 뷔페가 유명하다고 하여 직접 가서 먹고 싶었는데, 저녁엔 쇼를 봐야 해서 대신 지인의 추천을 따라 게 샌드위치집을 찾아 먹었는데 상상 이상이었다. 아주 풍성하고 감미로운 게 맛이.

 많은 호텔 중에 벨라지오 호텔을 소개하고자 한다. 정말 어마어마한 규모의 호텔이고 내 생각에는 그 호텔 구석구석 구경하려면 며칠은 걸릴 것 같다. 호텔 내부는 마치 이태리 베네치아에 온 것 같은

라스베이거스 호텔 카지노

착각에 빠질 정도로 온통 베네치아 풍으로 꾸며져 있다. 실제로 수로가 있고 이태리 가곡 〈오 솔레미오〉를 부르며 곤돌라에서 노를 젓는 사공이 있어 손님들을 끌어들인다. 아쉽게도 전동 휠체어로는 탑승하기 곤란하여 패스했지만 그 배를 타고 이태리 가곡을 들으며 수로를 한 바퀴 도는 것도 색다른 경험이 될 것이다.

분명히 실내인데도 야외에 있는 듯한 하늘빛과 채광이 참 기억에 남는다. 또 그 안에는 유명 명품 매장들이 자리하고 있어 많은 여성들의 눈길을 사로잡는 곳이다. 한참을 구경하며 돌다 보면 다리가 아파 올 것이다. 그럴 땐 노천 카페(물론 호텔 내부지만)에 앉아 이태리 카푸치노 한잔을 마시며 쉼을 갖는 것도 좋을 것이다.

라스베이거스의 백미는 매일 저녁 펼쳐지는 쇼가 아닌가 싶다. 제일 유명한 것이 '오쇼(O Show)'와 '카쇼(Ka Show)'인데 나는 벨라지오 호텔에서 하는 오쇼를 구경하기로 했다. 미리 인터넷으로 예약하면 조금 더 저렴하게 티켓을 구할 수 있다고 한다. 난 미처 준비를 못했기에 현장에 가서 티켓을 구매했고 1인당 150달러 정도 했던 것 같다.

공연장에 휠체어석이 따로 있냐고 물으니 측면에 있다고 했다. 아쉽게도 나는 정면에서 공연을 보지 못하고 측면에서 볼 수밖에 없었다. 약간 비스듬히 봐야 한다는 단점을 빼고는 매우 여유로운 공간이었고 내 주위에 사람이 많지 않아 조용하고 오붓하게 관람할 수 있었다.

1. 미국 서부

오쇼는 불어로 물이 오(EAU)로 발음된다고 하여 지어진 이름이라고 하는데 이름답게 무대 바닥이 어마어마하게 큰 수영장(150만 갤런) 같은 것으로 되어 있어 배우들이 줄곧 공중에서 곡예를 부리며 높은 상공에서 물로 다이빙하는 모습을 자아낸다. 공중에서 날아다니는 것도 아찔한데 어느 순간이면 물속으로 다이빙하는 모습은 보는 이로 하여금 손에 땀을 쥐게 한다. 공연 모습을 촬영하는 것이 금지되어 있어 기록을 남길 수 없는 게 참 아쉽다.

오쇼(O Show) 공연장 앞

벨라지오 호텔하면 또 유명한 것이 바로 분수쇼이다. 세계 3대 분수쇼라고 하는데 실제로 보면 입을 다물 수가 없을 것이다. 오쇼를 구경하고 나서 슬슬 걸어 나오는데 벨라지오 호텔 앞에 많은 인파가 서 있었다. 바로 분수쇼를 기다리는 사람들이다. 분수쇼를 하는 시간이 정해져 있기에 그 시간이 다가오면 사람들은 서서히 벨라지오 호텔 앞으로 모이기 시작한다.

시간이 되었다. 음악이 나오면서 거대한 물줄기가 솟아오르더니

베네치안 호텔 안 이태리 광장

베네치안 호텔 내 곤돌라

베네치안 호텔 분수쇼

라스베이거스 에펠탑

이내 리듬에 맞춰 춤을 추기 시작한다. 음악도 우리가 잘 아는 유명한 곡들이라 사람들의 반응이 매우 좋고 그 음악에 맞춰 마치 분수라도 된 듯 서로 끌어안고 춤을 추는 관광객들의 모습도 볼 수 있다. 이럴 때는 온몸을 움직일 수 없다는 게 한스러울 정도이다.

분수쇼가 마치면 사람들이 일제히 자신들이 가던 길을 찾아 떠난다. 나도 아쉬움을 뒤로하고 우리 숙소 쪽으로 발걸음을 옮긴다. 메인 스트리트를 걷다 보면 많은 볼거리들이 있다. 나는 우연히 허쉬(Hershey) 매장에 들어갔다. 규모가 꽤 큰 곳이었는데 내가 좋아하는 허쉬 초콜릿들이 가득 차 있었고 우리나라에서는 보지 못하는 허쉬 제품들이 다양하게 있어 눈요기를 실컷 할 수 있으며 마음에 드는 제품을 살 수 있다. 물론 아주 예쁜 허쉬 캐릭터 상품들도 다양하게 있다.

하루 종일 메인 스트리트를 걸었다. 많은 사람들을 보았다. 부부 단위로 놀러 온 미국인들의 모습이 유난히 많았고 가족들과 함께 휴가를 즐기는 사람들의 모습도 많았다. 그냥 이것저것 구경하며 사람 구경하며 거닐고 그러다 힘들면 노천 까페에 앉아 커피 한잔을 하든, 맥주 한잔을 하든 쉬어 가면 되는 이곳의 느낌이 참 자유로웠다.

메인 스트리트를 따라 카페들도 많지만 꽤 괜찮은 식당들도 많다. 나는 아일랜드 식당을 가서 먹었는데 입맛에도 맞고 매우 친절하며 그곳의 사람들도 다 평화로운 느낌이라 매우 즐겁게 식사를 했다.

그냥 걷다가 출출하면 길가에 있는 식당에서 식사하기를 권해 본다.

 메인 스트리트를 걸을 때 주의할 것이 있다. 거의 나체의 아가씨들이 바디 페인팅을 하고 호객행위를 한다. 이들과 사진을 찍으려면 돈을 내야 한다. 아무것도 모르고 그녀들과 사진을 찍다가는 몇 달러를 뺏기게 될 것이다. 왜냐면 경찰 복장을 한 아가씨들도 있어 촬영 후에는 바로 손님의 돈을 압수(장난으로)하기 때문이다. 돈 쓸 생각이 없다면 이런 아가씨들을 조심해야 할 것이다.

라스베이거스 거리의 아가씨들

바다사자들의 땅,
피어39

| 언덕 자동차 추격 신의 배경 샌프란시스코

 2박 3일의 라스베이거스 일정을 마치고 나는 샌프란시스코를 가기 위하여 공항으로 가는 택시를 잡았다. 전에도 말했듯이 미국 호텔 프론트에 휠체어가 탑승 가능한 택시를 불러 달라 요청하면 쉽게 택시를 이용할 수 있다. 요금은 조금 비싸다. 지역마다 다르겠지만 라스베이거스의 경우 차로 30분 정도 가는데 거의 10만 원 정도 들었던 것 같다.

 미국 내에서 미국 항공사를 이용하는 것이 두 번째라 그런지 이제는 '나를 잘 케어해 줄까?' 하는 걱정이 생기지 않았다. 항공사 직원들은 나를 편안하게 탑승시켜 주었고 한 시간 조금 넘게 날아가니 샌프란시스코공항에 도착했다. 공항에서 나는 지인이 렌트해 온 휠체어 탑승 가능한 벤을 타고 시내로 이동하였다.

이미 어두워진 저녁이라 제펜 타운에서 샌프란시스코에 사는 지인들과 가볍게 저녁을 먹고 내일 일정을 위하여 휴식을 취했다. 제펜 타운은 말에서 느껴지듯이 일식집이 많은 쇼핑몰인데 한식집도 있고 휠체어로 다니기도 편하다.

샌프란시스코에서의 모든 일정은 지인이 직접 차를 빌려 라이드를 해 주었기에 나는 편하게 5박 6일 동안 여행을 할 수 있었다. 내 여행기의 취지는 대중교통을 이용하는 것인데 샌프란시스코 일정에서는 렌터카를 이용하였음을 미리 밝혀 둔다. 그러나 버스와 지하철(Bart)을 충분히 이용할 수 있는 곳이라 우리 전동 휠체어 장애인들도 별 문제 없이 여행을 즐길 수 있다.

이튿날 나는 금문교와 함께 이곳의 명물인 피어39를 찾았다. 말 그대로 부둣가이다. 수많은 배들이 정박하고 오고 가는 곳인데 아주 유명한 식당들이 즐비해 있고 아기자기한 기념품을 파는 가게들이 참 많다. 분위기가 밝고 젊은 곳이라 젊은 여성들의 취향에 딱 맞을 곳이다.

아주 좋은 식당들이 많이 위치하고 있는데 게, 새우요리 등 해산물 요리가 매우 유명하다. 대충 봐서 크고 좋아 보이는 곳을 들어간다면 메뉴 선택에 실수는 없을 것이다. 나도 게 요리와 스파게티, 스테이크를 시켜 아주 맛있게 먹었다. 백인들이 서빙하는 곳이 흔치 않은데 여기서는 백인들의 서빙을 받으며 아주 행복한 식사를 할 수 있다. 가격은 조금 비싸다. 맛있는 것을 먹으려면 세 명이 한 17만 원 정도 들어야 한다.

피어39는 바닷가에 위치해서 하루 종일 관광객들로 붐비지만 특히 해 질 녘에 사람들이 많이 몰린다. 이곳에서 환상적인 노을을 보기 위해서이다. 많은 사람들이 미리 자리를 잡고 이야기를 나누고 있는 모습들이 매우 정겹다. 또 이들을 놓치지 않는 상인들의 호객 행위도 매우 재미있다. 또 하나, 구석에서 펼쳐지는 버스킹도 큰 즐거움 중 하나이다. 사람들에게 좋은 음악을 선사하고 그들로부터 잔돈을 얻는 일종의 무허가 노점상 같은 느낌도 약간 난다.

해가 지면 바다가 벌겋게 물들고 많은 사람들이 정다운 이야기를 나누며 서로의 얼굴을 바라보고 연신 웃는다. 여행하면서 느끼는 것 중에 좋은 것은 사람들의 행복한 모습, 환한 미소를 많이 볼 수 있다는 것이다. 물론 나 또한 어느 누군가에게는 행복한 모습으로 비춰지겠지만.

피어39의 명물이 있다. 바로 바다사자들이다. 1989년 지진 이후 바다사자들이 이곳으로 몰려와 자리를 잡았다고 하는데 사람들 바로 앞에서 능청스럽게 배를 드러내며 대자로 누워 있는 모습이 매우 익살스럽다. 그리고 심심찮게 수컷들의 암컷 쟁탈전을 볼 수가 있다. 암컷들을 차지하기 위한 수컷들의 피비린내 나는 처절한 싸움을 볼 수도 있다. 그곳은 마치 사람이 주인이 아니라 바다사자가 원래

그곳의 주인인 것처럼 아주 여유롭게 자리를 차지하고 있으며 많은 사람들의 카메라 셔터를 자극하고 있다.

　피어39를 구경한 후 우리는 시내 드라이브를 하였다. 샌프란시스코는 우리가 보는 할리우드 영화의 배경으로 많이 등장한다. 특별히 가파른 언덕길을 질주하고 추격하는 자동차 신, 언덕을 붕 날아오르는 고속 질주 자동차 신의 배경이 바로 이곳이다. 샌프란시스코는 내가 다녀왔던 LA와 라스베이거스와는 달리 넓은 평지가 아니라 우리나라 서울처럼 여기저기 산이 보이고 언덕이 많다. 바로 이 언덕길에서 이곳 전매상표인 자동차 추격 신을 찍는 것이다.

　언덕이 꽤 가파른 곳도 있어서 전동 휠체어로 오르기에는 매우 부담스러워 보이는 코스도 많다. 나는 너무 가파라 보이는 길은 피해서 다녔고 시내의 곳곳을 휠체어로 누볐다. 한참 다니다 보니 코스트코가 보인다. 평소 코스트코를 사랑하는 나는 홀린 듯이 그곳으로 향했다.

　이곳의 코스트코는 취급 상품이 우리와는 달랐다. 나는 회와 스시를 자주 사는 편인데 여기 사람들은 그것을 찾지 않는지 매장에 있지 않았고 대신 어마어마한 크기로 고기를 팔고 있었다. 가격도 매우 저렴해서 숙소에 불을 피울 수 있다면 사 가지고 구워 먹고 싶은 생각이 간절할 정도였다. 딱 보기에도 매우 신선해 보이고 맛있어 보이는 대용량의 고기를 너무 싸게 파는 모습에 놀랐다.

거기도 우리와 같이 더 싸게 파는 기획 상품이 있어서 정말 싸게 뉴발란스 운동화를 만 오천 원 정도에 구매했다. 또 숙소에서 먹을 간단한 과일도 사고 샌프란시스코가 이번 미국 서부 여행의 마지막 일정인 만큼 지인들에게 나눠 줄 선물로 견과류, 꿀, 영양제 등을 미리 일부 구매하였다.

샌프란시스코 코스트코는 우리와 다른 점이 있는데 계산을 마친 상품을 직원들이 박스에 담아 포장을 해 주는 것이다. 우리는 박스 포장대로 물건을 가지고 와서 각자가 포장을 하는데 여기서는 직원들이 포장을 해 주니 매우 편리하였다.

전동 휠체어로
금문교를 건너 보자

　오늘은 샌프란시스코 여행의 3일째 날로 미국 할리우드 영화에서 많이 등장하는 금문교(Golden Gate Bridge)를 찾아갈 것이다. 금문교는 우리가 익숙히 아는 것처럼 이 지역의 랜드마크다. 주홍색 철제 다리가 아주 인상적이며 골든게이트(Golden Gate) 해협을 가로지르고 있다. 골든게이트는 미 서부 개척 시대에 샌프란시스코 만을 부르던 이름이다.

　세계 대공황 시절인 1933년에 착공하여 1937년에 완공되었다고 한다. 다리 길이는 2,800m이고 다리를 지탱하는 두 개의 탑 높이는 227m로 건설 당시 세계에서 가장 긴 다리이자 가장 높은 현수교 탑이었다. 도로면은 수면에서 66m의 높이에 있고 그 밑으로 수많은 선박들이 오고 간다. 유조선에서부터 크루즈선에 이르기까지 많은 배들이 샌프란시스코 만으로 들어오기 위하여 수없이 오가는 모습을 볼 수 있다.

금문교

금문교를 건너며 자유를 만끽

금문교를 제대로 즐기려면 나는 다리를 한번 횡단해 보라고 권하고 싶다. 그런데 길이가 거의 3km이기 때문에 갔다 돌아오는 것은 힘들고 건너가서 버스를 이용하여 다른 관광지로 이동하든지 아니면 자전거 대여를 많이 한다. 자전거를 타고 금문교를 건너 근처 소살리토(Sausalito)까지 돌아보는 여행객들을 많이 보았다. 자전거 대여는 금문교 관광 안내센터에서 할 수 있다.

나는 내 전동 휠체어로 다리 중간 지역까지 갔다가 다시 돌아왔는데 다리가 어마어마하게 크고 높아서 내 밑으로 아주 큰 배들이 오고 가는 모습이 매우 신기했으며 마치 그 해협을 내가 다스리는 듯한 느낌까지 들었다.

금문교에서 사진을 찍으면 생각보다 예쁘게 나오지 않는다. 왜냐하면 다리가 너무 크기 때문에 사진 한 컷에 다리가 다 잡히지 않기 때문이다. 그래서 여행 블로그 글을 보면 금문교 전체를 배경으로 하고 찍을 수 있는 포인트가 소개되어 있다. 사진을 제대로 찍으려면 검색을 해 보아 사진 포인트를 놓치지 않기 바란다.

나는 샌프란시스코에 살고 있는 지인이 가이드를 해 주어 다리 아랫부분에서 다리 전경을 담을 수 있는 포인트를 찾아가 사진을 찍었다. 수많은 영화와 TV 자료화면에서 많이 보았던 주홍색의 금문교를 실제로 가서 보면 그 규모에 입이 벌어지고 또 내가 예전부터 알고 있던 곳을 찾아온 듯한 반가움이 밀려온다.

샌프란시스코 금문교 앞에서

금문교는 버스를 통하여 충분히 갈 수 있고 관광 안내소에 기념품 코너가 있으며 수많은 관광버스들이 손님들을 수없이 토해 내고 있다.

금문교를 구경하고 우리는 골든게이트 공원을 찾았다. 금문교에서 차로 10분 정도만 가면 나타나는 곳인데 샌프란시스코 도심에서 태평양 연안까지 직사각형으로 조성된 인공 공원이다. 공원 안에는 캘리포니아 과학 아카데미, 드영 미술관 등이 자리하고 있고 곳곳에 여러 나라를 대표하는 정원이 꾸며져 있다. 그리고 골든게이트 온실로 그곳은 매우 유명하다.

샌프란시스코 시민들의 휴식처이고 조용하게 여행을 즐길 수 있는 아주 좋은 코스이다. 내가 방문할 때는 마침 온실이 휴관인 날이라 들어가지 못했는데 날짜를 미리 알아보고 간다면 온실을 구경하는 것이 좋을 것이다. 아주 넓은 면적이고 나는 겨울에 방문하였는데도 여러 꽃들이 곳곳에 피어 있어서 이색적인 느낌이 물씬 풍겼다.

캘리포니아의 자연을 미니어처로 즐길 수 있는 곳이라고 생각한다. 원래 미국 서부 지역은 천혜자연으로 유명한 곳 아닌가. 요세미티 국립공원(Yosemite National Park), 뮤어우즈(Muir Woods National Monument) 등 캘리포니아를 대표하는 대표적인 국립공원들을 방문할 시간이 없다면 이곳을 잠깐 들러 보는 것으로도 자연을 충분히 만끽할 수 있을 것이다.

미국은 누구나 햄버거를 즐기는 나라이다. 우리가 동네에서 흔히 보는 햄버거 체인점들은 다 미국 것이 아닌가. 미국 동부를 대표하는 햄버거는 쉑쉑(Shakeshack) 버거이며 이미 오래전에 국내에도 매장이 들어왔다. 미국 서부를 대표하는 햄버거는 인앤아웃(In-N-Out) 버거이다. 나는 강남에서 쉑쉑 버거를 먹어 보았는데 사실 내 입에는 조금 짜고 기대가 커서 그런지 비싼 가격에 비해 나는 만족하지 못하였다. 그런데 금문교를 구경하고 들른 인앤아웃은 정말 맛있었다. 가격도 저렴한 편이고 누구나 만족할 만한 버거의 맛이다. 주로 미국 서부 지방 고속도로 IC 부근에 많이 있다고 한다. 미국 서부 지역을 여행할 계획이라면 꼭 먹어 보기를 추천하고 싶다.

휠체어로 누비는 원시림,
뮤어우즈

▎피톤치드에 취해 힐링

 오늘은 샌프란시스코의 근교에 위치한 뮤어우즈를 찾아간다. 뮤어우즈 국립기념물(Muir Woods National Monument)은 캘리포니아 샌프란시스코에서 북으로 19km 떨어진 마린 카운티에 위치한 세쿼이아 숲에 지정된 국립기념물이다. 554에이커(2.24km²) 크기의 국립공원은 샌프란시스코 해안 지역에 마지막으로 남아 있는 코스트 레드우드(이 지역에 서식하는 나무 종류의 일반적인 이름이라고 함)로 유명하다.

 샌프란시스코 시내에서 차로 40분 정도 달려 도착할 수 있고 가는 길이 매우 고불고불하여 초보 운전자에게는 매우 위험한 길이니 참고 바란다.

 뮤어우즈는 태곳적 원시림이 살아 있는 곳이다. 레드우드라는 미국 삼나무가 울창한 숲을 이루고 있다. 그 나무의 높이가 수십 미터에 달하고 둘레도 성인 남자가 7~8명이 양팔을 벌려야 될 정도로 어마어마하다. 나는 태어나서 이렇게 큰 나무를 처음 보았다. 이런 엄청난 나무들로 가득 차 있는 곳이 바로 뮤어우즈다. 그래서 영화 〈혹성탈출〉의 배경이 되기도 했다.

 뮤어우즈에 도착하면 아주 넓은 주차장이 제일 먼저 보이고 주차한 후 입구로 걸어가면 예쁜 통나무 집인 비지터 센터(Visitor Center)가 눈에 확 들어온다. 이곳은 관광객들을 위하여 다양한 기념품을 파는 곳으로 뮤어우즈를 고국에 돌아가서도 생각나게 하는 갖가지의 상품들로 가득하다.

 미국 서부를 돌아다니다 보니 느낀 것은 각 관광지에 꼭 있는 기념품 숍이 매우 훌륭하다는 것이다. 우리나라는 천안 하면 호두과자, 남원이면 죽제품 등이 매우 단조롭게 진열되어 있는데 미국은 다르다. 관광객의 마음을 확 사로잡는 예쁜 기념품들이 매우 다양하게 있다. 지금 우리 집 냉장고에는 미국 서부 여행 시 구입한 기념품이 붙어 있다.

 뮤어우즈는 우리 휠체어 장애인들에게 매우 적합한 산림이다. 우리나라의 산림 휴양지를 가면 휠체어로 갈 수 없는 곳이 매우 많은데 이곳은 거의 전 구간을 휠체어로 다닐 수 있게 숲과 어울리는 데크를 깔아 놓았다. 원시림을 휠체어로 누빌 수 있다는 것이 매우 나

수십 미터의 거대한 뮤어우즈 숲

뮤어우즈

뮤어우즈 입구

를 흥분하게 만들었고 그 숲에서 뿜어 나오는 피톤치드와 신선한 공기는 평생 잊을 수 없을 것이다.

내가 찾아간 때는 2월 초(2018)이기에 조금 쌀쌀한 날씨였다. 겨울이라 사람이 적었지 여름철에는 주차할 수 없을 정도로 매우 붐비는 곳이니 방문할 때에는 미리 준비하여 아침에 도착해야만 주차를 할 수 있을 정도이다.

숲을 휠체어로 한 바퀴 도는 데는 한 시간 정도 걸린다. 중간중간에 냇가에 앉아 졸졸졸 흐르는 물소리도 듣고 개구쟁이 스머프가 되어 큰 나무 속을 들어가 보기도 한다. 카메라로는 다 잡을 수 없는 거대한 나무를 고개를 들어 쳐다보면 어지러움이 생기고 나는 한없이 작은 존재로 여겨진다.

레드우드는 매우 오랫동안 튼튼하게 성장하는 나무라고 한다. 나무의 둘레와 나이테를 비교하여 그 나무의 연령을 나타내는 안내판이 있다. 사진에서는 잘 보이지 않지만 이 나무는 서기 천 년쯤에 생긴 나무라고 한다. 나이테에 따라서 세계사의 굵직한 사건들을 표시해 놓았다. 예를 들면, 콜럼버스가 신대륙을 발견한 1492년의 나이테가 있고 현재의 나이테가 있어서 600년 사이에 나무가 어느 정도 자라고 있는지를 쉽게 알 수 있다.

천 년이 넘는 세월을 이 나무는 이곳을 지키고 있었다. 이곳의 주인인 아메리칸 인디언들의 역사를 보았고 콜럼버스가 신대륙을 발견한 후 백인들이 점점 이곳에 몰려오는 것을 이 나무는 보았다. 또 미국이 건국되는 역사도 보았으며 흑인 노예를 해방시킨 남북전쟁과 1차, 2차 세계대전도 이 나무는 다 알고 있다. 이런 나무 옆에 서 있는 나는 한갓 먼지와 같은 존재로 여겨진다.

샌프란시스코를 여행할 계획이라면 차를 렌트하여 꼭 뮤어우즈를 방문해 보길 바란다. 결코 후회 없을 것이고 휠체어로는 숲을 누빌 수 없는 우리나라 상황과는 달리 하늘을 찌를 듯이 뻗어 있는 레드우드 숲을 조용히 거닐 수 있다. 아무도 없는 태고의 숲속에 나와 레드우드만이 숨을 쉬고 있는 듯한 느낌을 받을 것이다.

자가 요트가 즐비한 부촌(富村), 소살리토

▍현대적 감각의 갤러리, 공방 즐비

 오늘은 캘리포니아에서 부촌으로 손꼽히는 소살리토를 갈 것이다. 소살리토는 한때 마약왕의 소굴이었고 각종 범죄의 메카로 유명하였으나 근래에는 아주 어마어마한 부자들이 모여 사는 곳으로 유명하다. 바다를 바라보고 있는 언덕 위에 그림 같은 집을 지어 놓고 개인 요트를 이용하며 살고 있는 부촌이다. 특히 최근에는 젊고 예술적 감각이 뛰어난 아티스트들이 이곳에 갤러리와 공방 등을 운영하고 있어 감각 있는 예술적 스팟으로 널리 알려져 있다.

 가볍게 산책만 하여도 잉크를 뿌려 놓은 듯한 에메랄드 빛 태평양 바닷물 위에 눈부신 햇살을 받아 하얀 요트들이 반짝거리는 모습을 쉽게 볼 수 있다. 요트들이 얼마나 많은지 대형 마트 주차장에 차를 세워 놓은 듯하다. 한적하면서도 감각적이고 뭔가 현대적인 느낌이 물씬 풍기는 곳이다.

 내가 초등학교를 다니던 시절인 80년대 초만 해도 집집마다 자동차를 갖고 있는 경우가 그리 많지 않았다. 그래서 그때는 '자가용, 오너드라이버'라는 말을 쓰곤 했다. 지금 생각해 보면 매우 흥미로운 일이다. 요즘은 다 차를 가지고 있고 한 집에도 2, 3대를 갖고 있는 경우도 흔하다. 또 자신이 직접 운전하는 경우가 많이 있기 때문에 자가용과 오너드라이버라는 말은 아주 옛말이 되어 버렸다.

 소살리토를 걷다 보면 수많은 요트들을 볼 수 있는데 이것이 개인 소유이다. 차를 가지고 있는 단계를 넘어 요트를 소유하고 있는 부자들(요트 오너드라이버)이 이곳에 아주 많다는 것이다. 마음 같아서는 하얀 요트 위에 올라 푸른 태평양 바다를 항해하고 싶었지만 그것은 내 상상만으로 가능한 일이었다. 잠깐이지만 요트를 바라보며 요트의 오너드라이버가 되어 바람을 맞으며 항해하는 상상으로도 기분이 많이 좋아졌다.

 소살리토는 그냥 걷기만 해도 왠지 분위기가 있고 럭셔리해지는 기분이 든다. 부자 동네라 그런가… 여기서 하나 팁을 소개하자면 미국에는 도로변에 차를 세워 놓고 주차요금을 정산해야 하는데 우리처럼 전자식 기계가 있는 것이 아니라 길가에 소화전같이 생긴 막대기 하나가 서 있고 그 위에 동전을 넣을 수 있는 기계가 달려 있는 것을 볼 수 있다. 그것이 주차요금을 내는 기계인 것이다. 나는 처음

소살리토의 요트 정박장

에는 못 알아봤다. 우리처럼 뭔가 그럴듯하고 은행 ATM 같은 정산기를 상상했는데 완전 실망이다. 너무 초라하고 볼품이 없다. 하지만 이것이 주차요금 정산기이니 실수 없기를 바란다.

　소살리토를 방문한다면 바다가 훤히 내려다보이는 레스트랑과 갤러리 그리고 커피숍이 많이 있으니 꼭 한번 들러서 마치 소살리토의 현지인 코스프레를 하며 여유롭게 차 한잔하며 시간을 보내기를 권하고 싶다. 물론 누가 봐도 관광객 티가 나겠지만 우리 스스로 마음이라도 현지인처럼 여유를 갖는 것도 좋을 것이다.

　나는 노을까지는 보지 못했지만 그곳의 노을은 매우 유명하니 시간적인 여유가 있다면 일몰 시간까지 기다려 미국 서부 태평양으로 해가 지는 모습을 바라보며 식사를 하는 것도 매우 좋을 것이다. 나는 LA와 샌디에이고에서 석양을 많이 보았는데 하늘을 온통 붉게 물들이는 그 일몰을 지금도 잊지 못하고 있다.

　점심때가 되어 휠체어가 들어갈 수 있는 식당을 찾다가 이태리 식당에 들어갔다. 피자와 클램 차우더를 시켜서 먹었는데 매우 환상적인 맛이었다. 클램 차우더는 대합이나 가리비를 넣은 수프로, 대표적으로 맨해튼 클램 차우더와 뉴잉글랜드 클램 차우더가 있다. 맨해튼 클램 차우더는 대합이나 가리비, 소금에 절인 돼지고기, 토마토, 여러 채소를 푹 끓인 수프의 일종이다.

내가 미국 서부 여행기를 쓰면서 빼먹은 것 같은데 샌프란시스코에 방문할 예정이라면 클램 차우더를 강력 추천한다. 부드러운 맛이 일품이고 누구나 좋아할 만한 맛이다. 전에 소개했던 피어39에서도 아주 유명한 집이 많다.

금문교와 골든게이트 공원 또 뮤어우즈, 소살리토는 한 코스로 묶을 수 있는 지역에 있다. 샌프란시스코 일정을 잡는다면 이렇게 묶어 보는 것도 좋을 것이다. 소살리토는 샌프란시스코에서 배를 타고 들어가거나 자동차나 자전거로 많이 다니고 있다.

휠체어로 자유롭게 누비는
스틴슨 비치(Stinson Beach)

| 해변 모래가 단단해 바퀴가 빠지지 않아, 휠체어로 100% 만끽

　오늘은 5박 6일 일정 샌프란시스코에서의 실질적인 마지막 날이다. 내일 밤 비행기로 다시 서울로 돌아가는 대장정(12시간 반 비행)이 내게 남겨져 있다. 올 때는 낯선 곳을 여행한다는 설레임이 장거리 비행을 견딜 수 있는 동력이 조금이라도 되지만 나의 오랜 경험상, 집으로 돌아가는 비행기에서의 장거리 비행은 정말 견디기 힘들다. 여행은 갔다 온 지 2년이 넘었는데 장거리 비행 이야기를 하다 보니 멀쩡한 엉덩이가 아파 오는 느낌이 날 정도이다.

　내일이 서울로 돌아가는 날이니 오늘 여정이 이번 미국 서부 여행의 마지막 날이 되는 것이다. 우리가 찾아간 곳은 스틴슨 비치(Stinson Beach)이다. 샌프란시스코는 바다를 끼고 있는 도시이기 때문에 정말 수많은 비치들이 있다. 이 중에서 내가 스틴슨 비치를 선택한 이유는 물론 현지에 살고 있는 지인이 가이드해 준 것이지만, 전동 휠체어를 타고 모래사장을 누빌 수 있다는 장점 때문이다.

국내외 유명한 비치들을 다녀 보았지만 휠체어가 자유롭게 다닐 수 있는 곳을 나는 본 적이 없다. 물론 요즘 해변에는 휠체어가 어느 정도 접근할 수 있도록 데크를 깔아 놓은 곳이 많다. 그런데 그런 곳은 바닷물까지 가까이 갈 수 없다. 또한 데크로 깔아 놓은 길 외에는 전혀 휠체어가 다닐 수 없다.

스틴슨 비치는 이런 데크를 깔아 놓아 휠체어 장애인이 접근할 수 있도록 되어 있는 비치가 아니다. 거기는 아무런 데크가 없다. 아, 모래사장으로 내려가는 쪽에는 경사로 데크가 있긴 하다. 그럼 스틴슨 비치는 어떻게 생겼길래 전동 휠체어가 자유롭게 해변을 거닐 수 있다는 것인가?

정답은, 해변 모래가 밀도가 있어서 전동 휠체어 바퀴가 모레에 빠지지 않는다. 마치 부드러운 흙길을 다니는 것처럼 아주 편하게 해변을 다닐 수 있다. 백사장의 길이가 대충 보았을 때 4km는 되어 보였다. 거의 모든 구간이 딱딱한 모래로 되어 있어 바퀴가 전혀 빠지지 않고 파도가 치는 바닷물까지 휠체어로 접근할 수 있다.

내가 이렇게 전동 휠체어를 타게 된 지도 22년이 되었는데 휠체어를 탄 채 모래사장을 누비며 바닷물까지 다가간 것이 그날이 처음이

1. 미국 서부 79

4km 넘는 긴 모래사장과 석양이 일품인 스틴슨 비치

었다. 늘 해변 위의 데크에서만 먼발치에서 넘실거리는 파도를 바라보는 것이 전부였지 이렇게 바닷물을 내 휠체어 바퀴에 적시며 비치를 누벼 본 적이 없었다. 아마 이 글을 보는 많은 휠체어 장애인 분들도 나랑 크게 다르지 않을 것이다.

그때가 2018년 2월 초였기 때문에 겨울이라서 해변에 놀러 온 사람들은 많지 않았다. 그러나 청춘의 뜨거움은 만국 공통인 것 같다. 고등학생으로 보이는 남녀 학생들 5명 정도가 물에 들어가기에는 추운 날씨인데도 물에 뛰어들며 물장구를 치고 놀고 있는 모습이 보였다. 아무리 캘리포니아지만 겨울이라 20도가 조금 넘는 기온이었는데 좀 추웠을 것 같다.

샌프란시스코는 미국 서부에 위치한 도시이다. 그래서 이곳 비치에서 석양을 바라보는 것이 매우 훌륭한 구경거리이다. 점점 해가 바다로 저물어 가는 모습을 한참 동안 나는 쳐다보았다. 온통 하늘을 벌겋게 물들이더니 이내 수평선 아래로 해가 떨어지는 모습은 그냥 보고 있는 것만으로도 감탄을 자아내고 아무 생각이 없어지는 무념무상의 상태가 되어 버린다. 저렇게 태평양 바다로 떨어진 해는 이내 지구 반대편의 한반도 동해바다 위로 떠오르겠지 생각하니 나라는 존재가 대자연 앞에서 얼마나 미비하고 초라한 것인가를 새삼 느껴진다.

휠체어를 타고 다니면서 해변을 자유롭게 구경하지 못했다면 스틴슨 비치를 강력하게 추천하고 싶다. 아무리 달려도 바퀴가 빠지지 않는 모래사장, 상상이 가지 않겠지만 그런 곳이 샌프란시스코에는 있다.

비치를 실컷 구경하고 시내로 돌아와 저녁을 먹는데 마땅한 식당이 없어서 아시안 레스토랑에 들어갔다. 백인들이 아시아 음식을 먹기 위하여 삼삼오오 모여 있고 분위기가 매우 젊고 모던한 느낌이었다. 분위기에 맞게 가격대도 꽤 있는 편이었다.

우리는 거기서 태국식 볶음밥, 일본식 장어덮밥 그리고 누들, 세 가지를 시켰는데 메뉴판에 '~밥'을 'rice' 대신 'bob'이라고 표기되어 있었다. 사장이 한국계인지 모르겠지만 매우 반가운 표기였다. 그러나 음식을 먹어 보니 결코 반가울 수가 없었다. 맛도 없고 짜고 달고 이런 것을 아시아 음식이라고 팔고 있고 많은 백인들이 아주 맛있게 앉아서 먹고 있다. '이렇게 맛이 별로인 것을 아시아 음식이라 생각하면 어떡하지?' 하는 노파심이 들었다.

숙소로 돌아왔다. 내일은 조금 늦게 일어나 짐도 싸고 다운타운을 한 바퀴 돈 후, 5박 6일 동안 일도 접어 가며 나를 가이드한 지인 집에 가서 같이 식사한 후에 밤 비행기를 타러 공항으로 갈 것이다.

샌프란시스코
유니온 스퀘어에서 망중한(忙中閑)

스트리트역-유니언 스퀘어 거리엔 명품 숍 즐비

샌프란시스코 관광의 시작이자 모든 여행자를 만날 수 있는 곳으로 포스트, 스톡턴, 기어리, 파웰 스트리트(Post St./Stockton St./Geary St./Powell St.)로 둘러진 광장을 말한다. 그리 크지 않은 광장 중앙에는 스페인 해군을 물리친 듀이 해군 제독을 기리는 흰 탑이 솟아 있으며 주변에는 고급 명품 부티크와 호텔, 레스토랑이 즐비하다.

또 한쪽 면에는 골동품 가게와 보석상이 줄지어 있고 광장에는 항상 다양한 이벤트가 열리며 볕이 좋은 날에는 태닝을 즐기는 젊은이들과 점심을 먹는 이들을 볼 수 있는 낭만과 자유의 공간이다. 주말에는 노천 시장과 전시회 등이 열려 문화의 장이 펼쳐지기도 해 어느 때건 많은 사람들로 활기가 느껴지는 곳이다.

샌프란시스코의 명물인 케이블카를 직접 돌리는 모습을 볼 수 있는 곳. 언덕길이 워낙 많은 샌프란시스코는 말들이 다니기엔 너무나 가파르고 안개도 자주 끼고 말이 미끄러지는 사고가 많았다. 그래서 만든 것이 바로 케이블카다. 1870년대에 만들어진 그 모습 그대로 지금까지 운행하고 있는데 케이블카의 방향을 바꾸려면 원형판 위에 케이블카를 올린 후 사람이 직접 밀어서 진행 방향을 바꾼다. 재미있는 광경을 볼 수 있는 곳으로 늘 관광객이 북적인다.

파월 스트리트역에서 유니언 스퀘어까지는 케이블카가 다니는 언덕길이다. 케이블카를 타면 쉽게 유니온 스퀘어까지 갈 수 있다. 근데 나는 편도로만 이용하기를 권한다. 왜냐면 그 길엔 양쪽으로 어마어마한 명품 숍들이 즐비해 있기 때문이다. 세계 유명 브랜드들이 입점해 있어서 오고 가는 사람들의 시선을 온통 사로잡는다. 다니다 보면 운 좋게 세일 품목도 만날 수 있으니 꼭 그 길을 걸어 보길 바란다.

유니온 스퀘어는 시민들이 휴식을 취하는 평화스러운 공원이다. 겨울에는 스케이트장을 개장한다는 기사를 본 적이 있다. 내가 그곳을 간 시간이 마침 점심시간이라 광장 주변의 많은 직장인들이 샌드위치와 커피를 들고 곳곳에 앉아 식사를 하고 있는 모습을 보았다. 나는 이미 밥을 먹은 후라 커피 한잔과 함께 시민들의 모습을 물끄러미 바라보았다.

샌프란시스코 유니온 스퀘어

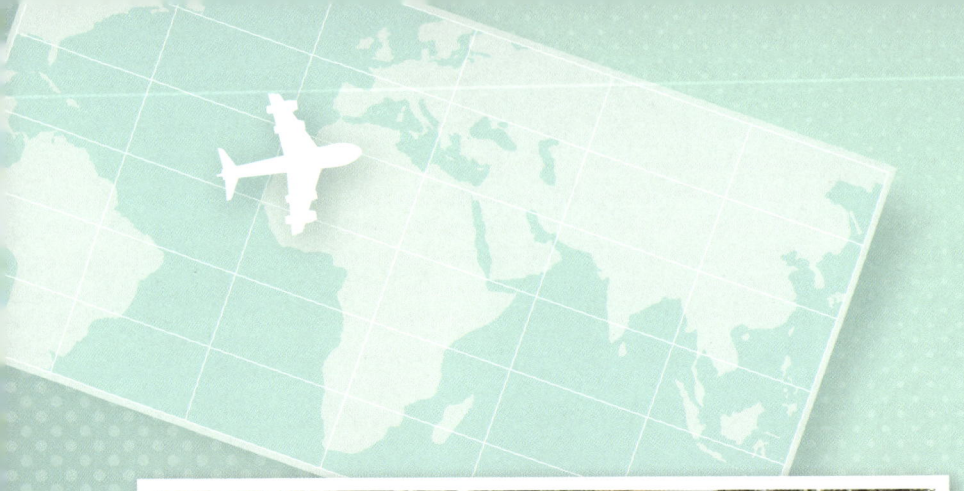

샌프란시스코 케이블카

흰 와이셔츠 차림의 젊은 남자들과 예쁘게 옷을 차려입은 젊은 아가씨들 그리고 나이가 지긋이 들은 노부부의 모습들이 내 눈 안에 들어왔다. 언뜻 보면 나이 차이도 심하고 서로 어울릴 것 같지 않은 조합이었는데 한 폭의 수채화처럼 각기 다양한 모습의 사람들이 하나로 어우러지는 듯했다.

광장에서는 때마침 이름 모를 작가의 그림 전시가 한쪽에 마련되어 있었다. 한겨울이지만 매우 따뜻한 샌프란시스코의 햇볕과 그 아래에 펼쳐진 그림 전시회 그리고 커피 한잔은 여행객으로 하여금 그동안의 모든 피로를 풀 수 있게 해 주었다.

유니온 스퀘어를 한 바퀴 돌고 난 후 나는 이번 샌프란시스코 여행에서 큰 빚을 진 지인의 집에 초대받아 저녁 식사를 같이하였다. 샌프란시스코 외곽에 위치한 오클랜드라는 곳이었는데 물론 지하철로 연결되어 있고 내가 사는 곳과 비슷하게 근처에 큰 호수공원이 자리 잡고 있는 아주 조용하고 평화로운 동네였다. 기름진 미국 음식에 지쳐 있는 나그네를 위하여 김치찌개를 맛있게 끓여 주어 얼마나 배부르게 먹었는지 모른다.

저녁 식사를 마친 후 나는 택시를 불러서 샌프란시스코공항으로 향했다. 한국으로 돌아가는 비행기는 밤 12시 50분이었다. 공항에 도착하니 밤 10시 가까이 되었고 두 시간 이상을 기다려야 한다. 일단 화장실에 들어가 양치질과 세수를 하였다. 장거리 비행을 해야

턴어라운드 포인트

하기 때문에 미리 세수를 하고 이를 닦아 놓는 것이 우리 중증장애인들에게는 매우 필요한 일이다. 비행기 안에 있는 화장실을 우리는 이용할 수 없기 때문에 미리 대충 씻어 놓는 것이 좋다.

나는 12시간 반을 날아 인천에 도착했다. 2주간의 미국 서부 여행이 이렇게 마침표를 찍었다. 많은 걱정과 기대를 갖고 떠난 여행이었는데 큰 어려움은 없었고 그때그때마다 여러 에피소드를 남기며 나의 추억의 책장 한 페이지를 장식하였다.

다음 글부터는 싱가포르와 크루즈 여행을 소개할 예정이다. 많은 기대 바란다.

2. 싱가포르 크루즈

아시아의 허브,
싱가포르 휠체어 여행

▍서울처럼 지하철 편의시설 완비

　지금부터는 싱가포르 여행을 소개할 것이다. 특히 여기에는 싱가포르를 3박 4일 동안 여행하고 싱가포르에서 출발하여 포트 클랑, 푸켓, 싱가포르로 돌아오는 5일 크루즈 여행이 포함될 것이다.

　먼저, 싱가포르에 대해서 간단히 소개해 보겠다. 말레이반도 끝에 위치한 섬나라이고 면적은 대략 서울과 비슷하다고 한다. 중국계가 거의 대부분을 차지하고 말레이시아인, 인도인, 태국인 등 다양한 민족이 섞여서 살고 있다. 우리가 아는 것처럼 공용어는 영어인데 현지에 가 보면 자기들끼리는 중국어를 많이 쓰는 것을 목격할 수 있다.

　싱가포르는 역사적으로 서구 열강들의 지배를 받아 왔다. 아마도 동서양을 잇는 허브 위치에 있기 때문에 그런 것 같은데, 19세기 초에는 네덜란드의 지배를 받다가 이어 영국의 통치에 들어가고 말레이시아로 편입되었다가 60년대에 말레이시아로부터 독립했다고 한다.

기후는 열대기후라 내가 11월 초에 방문했는데도 덥고 습한 날씨였고 낮 최고기온은 31도까지 올라갔다. 여행을 준비한다면 5~10월은 피해서 가는 것이 좋다. 날씨도 매우 덥고 습하며 무엇보다 우기라서 비를 자주 만나기 때문이다. 다행히 내가 체류하는 동안에는 비가 오지 않아 아주 쾌적하게 여행을 즐길 수 있었다.

싱가포르는 인천공항에서 비행기로 대략 6시간 정도 걸린다. 짧지 않은 비행시간이기에 우리 휠체어 장애인들은 엉덩이 관리에 각별히 신경을 써야 한다. 비행 중에 엉덩이에 약간이라도 문제가 생긴다면 가뜩이나 덥고 습한 현지 날씨 속에서 더 관리가 안 되기 때문이다.

싱가포르는 우리나라의 전자여권만 있으면 별도의 비자 없이 누구나 90일 동안 여행을 할 수 있다. 특별히 내가 이번 여행기를 통하여 계속 설명하겠지만 싱가포르는 휠체어 장애인들이 여행하기에 매우 좋은 곳이다. 서울처럼 지하철이 곳곳으로 운행하고 있고 각 역마다 장애인 편의시설이 잘 되어 있다. 시내버스도 물론 이용할 수 있는데 지하철이 매우 훌륭하게 되어 있어 나는 지하철로만 다녔음을 밝힌다.

싱가포르의 관문이 되는 공항은 창이공항이다. 아시아의 허브 공항답게 규모도 크고 내부 시설이 매우 고급지다. 내부 인테리어를 마치 정원처럼 꾸며 놓아서 친자연적이면서 뭔가 여행객들에게 큰 안락함을 선사해 준다.

창이공항에서 도심까지는 지하철로 잘 연결되어 있다. 그러니 우리 휠체어 장애인들은 걱정하지 말고 싱가포르 여행을 준비해도 좋을 것이다.

싱가포르하면 유명한 것이 몇 가지 있는데 쇼핑, 음식, 센토사 등이다. 앞으로의 글에서 나는 이것들을 하나씩 하나씩 소개할 것이다. 예전에 다녀온 여행기를 이렇게 쓰다 보니 여행을 자유롭게 다니던 그때가 매우 그리워진다. 그때는 시간과 돈만 있으면 언제든지 여행을 떠날 수 있다고 생각했는데 그런 생각이 얼마나 호사스러웠나 싶다.

싱가포르의 랜드마크,
마리나 베이 샌즈 호텔

▌해 진 후 머라이언 공원 산책

　마리나 베이 샌즈는 싱가포르의 최고 특급 호텔이라고 해도 과언이 아닐 정도로 전 세계적으로 사랑을 받는 곳이다. 21세기 건축의 백미라 불릴 정도로 세계 건축가들의 찬사를 한 몸에 받고 있다. 이스라엘 디자이너 모셰 샤프디가 설계했고 최고 52도의 경사를 자랑할 뿐 아니라 23층에 직선 다리가 연결되어 55층의 건물을 이룬다.

　세 개의 타워를 빼곡히 차지하고 있는 2,561개의 객실은 모두 전망이 다를 뿐 아니라 싱가포르 도심의 스카이 라인을 한눈에 감상할 수 있는 것으로 유명하다. 호텔을 채우고 있는 예술 작품과 지상 57층에 위치한 도심 속의 스카이 파크, 하늘과 맞닿아 있는 인피니티 풀 등이 가득하다. 싱가포르의 랜드마크가 될 만큼 세계 최고의 호텔로 부상하게 되었다. 더 놀라운 것은 이 신비에 가까운 이 호텔을

클락 키에서 보이는 마리나 베이 샌즈 호텔

한국의 쌍용건설이 지었다.

　머라이언 공원을 소개하자면, 싱가포르의 전설 속에 등장하는 머라이언은 상반신은 사자, 하반신은 물고기 몸으로 되어 있는 동물로 싱가포르를 상징적으로 표현한다. 머라이언상은 1972년 당시 수상이었던 리콴유의 제안으로 만들어졌으며, 2002년에 지금의 자리로 옮겨 와 공원으로 조성되었다.

　머라이언상 주변은 공원으로 조성되어 있지만 다른 볼거리는 없고 커다란 머라이언상이 전부라고 할 수 있다. 하지만 여기서 찍는 사진은 싱가포르의 관광 기념엽서 같은 것이어서 싱가포르에 오면 누구나 한 번은 꼭 들르는 곳이기도 하다. 머라이언상을 배경으로 사진을 찍으면 싱가포르의 빌딩 숲도 같이 사진에 담을 수 있다.

　머라이언 공원은 한낮에는 너무 더워서 구경하기가 힘들다. 해가 진 후 저녁에 찾아가거나 잠시 들른 후 오차드 거리를 둘러보는 것이 좋다.

　오차드 거리는 싱가포르의 대표적인 상업 거리로서 홍콩의 소호 거리와 느낌이 유사하다. 2km 넘게 거리가 형성되어 있고 수많은 쇼핑몰과 명품 숍들이 즐비하다. 1850년대 전까지는 이 화려한 거리가 소금과 후추, 채소를 팔던 골목이었다는 말이 믿겨지지 않을 정도로 호화스러운 거리이다.

배 모양의 마리나 베이 샌즈 호텔

특히, 여러 쇼핑몰 중에 대표적인 아이온몰을 소개하고 싶다. 규모가 매우 크고 럭셔리하며 우리가 찾는 모든 것이 그곳에 다 있다고 해도 과언이 아닐 정도로 수많은 매장들이 있다. 명품 숍들도 있지만 잘 찾아보면 국내보다 저렴한 상품들을 살 수 있으니 그동안 필요한 것이 있었다면 싼 것이 있는지 눈을 크게 뜨고 살펴보자. 아참, 지인들에게 줄 선물을 고른다면 이곳이 최고의 장소가 될 것이다.

아이온몰 56층에는 무료 전망대 아이온 스카이가 있다. 싱가포르를 내려다보는 훌륭한 조망권을 가지고 있어서 많은 관광객들에게 사랑을 받는 곳이다. 쇼핑하는 김에 잠시 올라가는 것도 좋을 것이다.

* 머라이언의 정체를 밝혀라!
싱가포르의 상징인 머라이언은 수마트라의 왕자가 사자와 닮았다 하여 붙인 이름이다. 물고기 모양의 몸은 고대 해상 마을에서 발달한 싱가포르의 역사를 나타내는 테마세크(Temasek)와 연관이 있다.

싱가포르의 허파
가든스 바이 더 베이(Gardens by the Bay)

> **상상을 초월한 규모의 온실 정원**

　오늘은 싱가포르 도심 속의 자연이라는 애칭이 붙어 있는 가든스 바이 더 베이(Gardens by the Bay)를 소개하겠다.

　싱가포르는 도시 국가로 서울 정도의 면적에 국가 전체가 도시로 이루어져서 싱가포르를 여행하면서 멀리 외각으로 나가지 않는 한 대자연을 구경하기는 매우 어렵다.

　그런데 가든스 바이 더 베이는 도심 속에 어마어마한 규모의 온실을 만들어 지구상에 존재하는 모든 기후 영역을 재현했고 거기에 맞는 온갖 식물들이 있다.

　이 대규모 정원은 2012년 6월에 오픈했다고 한다. 관광객들이 아

가든스 바이 더 베이(Gardens by the Bay)

주 많으니 혼잡한 시간을 피해서 찾아가는 것이 좋을 듯하다. 일행이 많다면 서로를 잘 챙겨야 되고, 물론 휠체어로 모든 곳을 구경할 수 있다.

가든스 바이 더 베이, 플라워 돔에 오면 사람들이 줄서서 사진을 찍는 곳이 있다. 바로 클라우드 포레스트이다. 세계에서 가장 높은 실내 인공폭포라고 하는데 그 규모가 실제로 보면 어마어마하다.

이 폭포 위를 휠체어로도 올라갈 수 있어서 높은 전망에서 가든스 바이 더 베이를 한눈에 내려다볼 수 있다. 여행을 하다 보면 더위를 느끼기 쉬운데 이 폭포를 보고 나면 마음이 다 시원해진다.

낮에는 너무 뜨거우니 시원한 가든스 바이 더 베이를 구경하고 저녁이 되면 밖으로 나와 수퍼트리 쇼를 보아야 한다.

수퍼트리 쇼는 우천 시를 제외하고 매일 저녁 7시 45분과 8시 45분 두 차례 진행된다. 15분 동안 진행되는데 적어도 40분 전에는 도착해야 좋은 자리를 차지할 수 있다. 참고로 누워서 보는 게 최고의 관전 포인트이다.

일찍 서두르지 않으면 벤치를 잡는 것도 쉽지 않으니 작은 돗자리를 준비해 가면 아주 좋을 것이다. 우리 전동 휠체어를 타는 장애인

꿈속의 빛의 멜로디 수퍼트리 쇼

은 휠체어를 약간 틸팅하면 아주 훌륭하게 관람할 수 있다.

 우리가 다 아는 익숙한 팝송과 함께 수퍼트리가 불빛으로 춤을 춘다. 같이 춤이 절로 나오는 신나는 시간을 보낼 수 있다.

북미정상회담 장소, 센토사(Sentosa)를 가다

트럼프와 김정은이 만난 곳, 센토사
센토사의 모든 곳은 휠체어로 OK!

오늘은 2018년 북미정상회담 장소로 더 유명해진 센토사(Sentosa) 섬을 찾아간다. 싱가포르 시내에서 센토사 섬으로 들어가는 방법은 케이블카, 택시, 모노레일, 걷기 등이 있다. 나는 케이블카를 이용하고 싶었지만 휠체어로 탑승이 가능한지 여부를 알아보지 못했고 휠체어 이용 장애인들 10명이 함께한 여행이었기에 한 번에 다 같이 이동할 수 있는 모노레일을 타고 센토사 섬으로 들어갔다. 요금은 4,500원 정도이며, 소요 시간은 10분 정도 걸린다. 모노레일을 타고 뒤로는 싱가포르 시내와 전면으로는 센토사 전경을 바라보면서 이동할 수 있다.

센토사는 싱가포르의 대표적인 휴양지로, 큰 리조트와 호텔이 위

센토사 머라이언

센토사 유니버셜 스튜디오

치하고 있고 그 유명한 유니버셜 스튜디오가 있다. 어린아이를 동반한 관광객이라면 유니버셜 스튜디오를 빼놓지 말고 구경하기 바란다. 나는 일본, 미국에서 구경하였기에 이번에는 패스.

센토사에는 훌륭한 비치(Beach)가 있다. 내가 여행한 시기는 11월 초였지만 낮 최고기온이 30도를 넘기 때문에 연중 해수욕을 즐길 수 있다. 많은 사람들이 해변에서 여유롭게 물놀이하는 모습을 구경하다 보니 물속에 들어갈 수 있는 전동 휠체어가 있었으면 하는 생각을 했다. 깊이는 못 들어가더라도 발목까지는 바닷물에 잠겨 보고 싶은 마음이 갑자기 생겼기 때문이다.

센토사 섬 안에만 모노레일 정거장이 네 군데가 있다. ①비보시티역: 출발지점 & 쇼핑몰, ②리조트월드역: 유니버셜스튜디오 & 쇼핑몰, ③임비아역: 머라이언 & 마담투쏘, 루지 및 메가짚라인, ④비치역: 팔라완비치, 정거장 별로 호텔, 테마파크, 비치 등 특색이 있으니 원하는 곳을 골라서 구경해도 좋고 시간적 여유가 있다면 네 군데 다 내려서 둘러보는 것도 좋을 듯하다.

센토사에는 아주 다양한 식당들이 있다. 전 세계 음식이 다 있으니 기호에 맞는 식당을 골라서 이용하면 되는데 미리 인터넷으로 할인권을 받아 저렴하게 예약하는 것도 좋은 팁이다. 이것저것 귀찮으면 그냥 가서 그날 먹고 싶은 것을 골라 먹는 것도 좋은 방법이다.

센토사 전 구간은 휠체어로 다니기에 아주 좋고 어디에 입장할 때도 직원들이 우선적으로 입장할 수 있도록 도와준다. 센토사에는 정말 많은 관광객들이 있다. 모노레일을 탈 때도 많은 사람들이 줄을 서 있기에 일행을 잃어버리지 않도록 주의해야 한다.

센토사는 싱가포르를 여행 온 사람들이 들르는 필수 코스이기 때문에 정말 다양한 인종의 사람들을 만날 수 있다. 날씨가 많이 더워 조금만 걷다 보면 힘이 든다. 이럴 때에는 카페 그늘에 조용히 앉아서 쉬면서 시원한 아이스 아메리카노를 마시며 사람 구경하는 것도 참 재미있다.

화려한 호텔과 명품 매장을 원한다면 각종 호텔이 있는 정거장에 내려서 시원하게 호텔 내부를 구경하고 호텔 식당을 이용하여 맛있는 음식을 먹는 것도 좋은 코스이다. 아울러 명품 숍을 둘러볼 수도 있으니까.

사랑과 낭만의 장소,
클락키(Clarke Quay)

싱가포르에서 인도를 경험하는 리틀 인디아
클락키에서 즐기는 맛과 멋

오늘은 싱가포르 여행의 마지막 날이다. 내일이면 드디어 크루즈를 타러 간다. 그래서 오늘 일정은 매우 간단하게 진행된다.

먼저 리틀 인디아(Little India)를 찾아간다. 말 그대로 인도인들이 많이 살고 있는 지역에 형성된 시장이다. 이 근처에만 도착해도 많은 인도 사람들을 만날 수 있다. 우리가 흔히 영화에서 보던, 이마에 동그란 연지 같은 것을 찍은 여인들과 콧수염이 짙은 흰옷 입은 아저씨들을 많이 볼 수 있다. 그리고 기분상 그런 건가? 왠지 카레 냄새도 나는 듯하다.

지하철을 몇 번 갈아타고 리틀 인디아에 도착하니 날씨가 매우 무

싱가포르 콘래드 호텔

더워 꼼짝하기 싫었지만 시원한 아이스 아메리카노를 한잔 하고 기운을 내서 리틀 인디아로 들어간다. 들어가는 순간 많은 사람들로 인해 놀랐다. 그리고 금 가게가 많은 것에 놀랐다. 어느 곳은 온통 금 가게만 있다. 그리고 보니 그곳의 인도 사람들은 유달리 금을 많이 두르고 있다.

시장 내부는 매우 사람이 많고 복잡하며 시끄럽다. 우리가 흔히 삶의 의욕을 잃었을 때 시장에 가면 그 활기로 인해 기운을 낼 수 있다고 말하는데, 내가 보기엔 여기에서는 죽은 사람도 살릴 것 같다. 조금만 걸어 들어가도 다니는 사람들과 부딪치고 상인들의 흥정 소리가 매우 요란하며 비키라고 소리치며 짐을 싣고 달려오는 자전거를 피하기에도 매우 바쁜 곳이다.

너무 더워 시원한 망고 주스를 마시고 이곳저곳을 구경한다. 개인

리틀 인디아 앞

작은 인도와 같은 리틀 인디아

적으로 인도를 여행한 적은 없지만 여기만 구경해도 인도를 다녀온 듯하다. 그래서 리틀 인디아인가?

앞에도 말씀드렸는데 싱가포르는 11월인데도 낮 기온이 30도를 훌쩍 넘는다. 매우 더우니 낮에 다닐 때는 중간중간 수분 섭취를 해 줘야 한다. 특히 경수 손상 장애인들은 땀이 나지 않아 체온 관리가 힘든데 지치지 않도록 주의하고 너무 더우면 어디 들어가 쉬는 것이 좋을 것 같다.

싱가포르는 '싱가포르 강'을 따라서 발전했다고 한다. 싱가포르 강에는 영국 스템포드 레플즈 경(Sir Stamford Raffles)이 처음으로 발을 디뎠던 '래플스 상륙지(Raffles Landing Site)'가 있다. 그는 이곳에 첫발을 내딛고 싱가포르를 무역의 전초기지로 삼기 위한 발판을 마련했다고 한다.

해가 질 무렵 구경하기 좋은 곳은 클락키(Clarke Quay)이다. 키(Quay)는 배를 댈 수 있는 '부두'란 뜻인데, 클락키는 싱가포르에서 젊은 사람들에게 매우 유명한 데이트 코스다. 싱가포르 강을 따라서 형성된 곳이기 때문에 저녁에는 시원한 바람이 불고 유명한 식당과 술집들이 이곳에 몰려 있다.

저녁을 먹기 위하여 클락키에서 매우 유명한 점보 씨푸드 레스토랑(Jumbo Seafood)을 갔다. 이곳의 시그니처 요리는 칠리 크랩(Chilli

Crab)이다. 가격이 비싸긴 한데 정말 맛있다. 2년 전에 먹은 요리인데도 나는 게만 보면 칠리 크랩이 생각난다. 그걸 먹으러 싱가포르를 또 갈 의향도 있다. 시원한 강바람을 맞으며 여러 불빛들로 화려해진 클락키를 바라보면서 먹는 음식은 그야말로 인생 음식이다.

맛있는 밥을 먹었으니 클락키를 따라서 산책하는 것이 좋을 듯하다. 가벼운 맥주 한잔, 커피 한잔을 들고 강변을 걷는다. 낮에는 매우 뜨거웠는데 언제 그랬냐는 듯이 시원한 바람이 기분을 좋게 해 준다. 지나는 많은 사람들도 하나같이 웃고 떠들고 있다. 그런 사람을 보는 것만으로도 내가 다 기분이 좋아진다. 아마 다른 사람들도 웃는 내 얼굴을 보면서 기분이 좋아지겠지?

이게 여행의 묘미가 아닌가 싶다. 여행 온 사람들은 다 웃고 있다. 여행 와서 울고 있는 사람들은 없겠지만. 그래서 공항에서나 유명 관광지에서는 사람들이 다 행복하게 웃고 있다. 이런 모습을 보는 것만 해도 기분이 좋아진다. 이런 모습을 보기 위해서 우리는 여행을 가지 않나 싶다.

클락키의 밤이 깊어 간다. 더 웃고 떠들고 싶지만 내일 크루즈 입선을 해야 하니 이 정도에서 정리하고 지하철을 두 번 갈아타고 숙소로 간다.

슬기로운
크루즈 생활

 오늘은 크루즈 여행이 시작되는 날이다. 승선하기 위하여 싱가포르항으로 향한다. 여기서 나는 크루즈 여행의 기본 사항을 알려 주고 싶다.

 첫째, 크루즈선에 입선하기 위해서는 여권이 필요하다. 크루즈 여행 상품 구매권이 있다고 하여도 여권이 없다면 절대로 입선할 수 없다. 왜냐하면 크루즈선은 다른 나라 항구에 들러 정박하는 여정이 있기 때문에 비행기에 타는 것처럼 여권이 반드시 있어야 한다.

 둘째, 검색대를 통과해야 한다. 비행기를 탈 때 이미그레이션에서 검색 절차를 거치는 것처럼 크루즈 승선 시에도 승객의 몸과 짐을 검색한다. 공항에서 하는 것과 비슷하다고 생각하면 된다. 그러니 줄이 엄청 길다. 비행기를 탈 때 2시간 전에 공항에 도착하는 것처럼 크루즈 승선 시에도 일찍 여유롭게 도착해야 한다.

셋째, 크루즈선 안에서는 현금과 카드를 사용할 수 없다. 그럼 다 공짜냐? 그건 아니고 입선할 때 개인마다 ID가 부여되는데 그 ID로 유료 서비스를 이용하고 하선할 때 자신의 카드로 일괄 결제한다.

넷째, 크루즈 여행은 보통 몇 개의 정박지가 있다. 내가 이용한 크루즈 여행은 싱가포르-포크클랑(말레이시아)-푸켓(태국)-싱가포르 4박 5일 코스이다. 즉, 싱가포르에서 출발하여 싱가포르로 돌아오는 여정인데 포트클랑과 푸켓에서 정박을 하게 된다. 문제는 이런 정박지에 휠체어 이용자가 육지에 내릴 수 있는지를 확인해야 한다. 접안 시설이 잘 되어 있는 곳은 휠체어로도 충분히 하선할 수 있지만 때로는 접안 시설이 없거나 푸켓처럼 해수욕장에 정박하게 된다면 큰 배를 접안할 수 없어서 크루즈선은 먼 바다에 떠 있고 작은 배를 이용하여 접안하는 경우도 있기 때문이다. 크루즈선에서 작은 배로 옮겨 탈 때 휠체어로도 가능한지를 사전에 알아봐야 한다.

다섯째, 크루즈 안에는 장애인 객실이 따로 있다. 또한 방마다 값이 다르다. 먼저 크루즈선에는 장애인 객실이 아주 훌륭하게 준비되어 있다. 장애인 화장실도 넓고 좋다. 또한 같은 사이즈의 방이라도 바다를 볼 수 있는 방인지 여부에 따라 값이 다르다.

여기서 팁을 드리면 크루즈 여행 중에는 낮에 방에 들어갈 일이 거의 없다. 주로 밤에 방에 들어가는데 망망대해이기 때문에 해가 지면 아무런 빛이 없다. 바다를 볼 수 있는 발코니가 있다 해도 검정색

크루즈 갑판

크루즈 내부

크루즈 장애인 객실 　　　　　　크루즈 장애인 객실 화장실

벽처럼 보인다. 보다 경제적인 여행을 하고 싶다면 창이 없는 방을 이용하는 것도 나쁘지 않다.

　여섯째, 크루즈선 안의 식당은 다 공짜는 아니다. 물론 무료로 제공되는 식당도 있다. 이것도 매우 훌륭하다. 피자와 음료수는 무료로 제공된다. 그러나 분위기 좋고 고급진 음식을 원한다면 그런 곳은 다 따로 계산해야 한다.

바다 위를 떠다니는 호텔, 크루즈

　바다 위를 떠다니는 호텔과 같은 크루즈에는 다양한 편의시설이 있다. 먼저 동서양의 음식을 먹을 수 있는 식당들이 있고 간단하게 술을 즐길 수 있는 바와 극장, 카지노, 명품 숍이 있다. 또한 다양한 선내(船內) 프로그램이 있어 승객들에게 즐거움을 주기도 한다.

크루즈 내부 명품 거리

크루즈 갑판 수영장

크루즈 여행을 하다 보면 24시간 넘게 항해만 하는 경우가 있는데 그럴 때를 위하여 다양한 프로그램이 있는 것이다. 매일 저녁에 펼쳐지는 극장식 쇼, 아이스 쇼가 있고 낮에는 클라이밍, 볼링, 당구, 댄스교습, 카드놀이, 퀴즈대회 등 여러 액티비티가 있어서 승객들은 자신이 원하는 프로그램을 찾아 참여하면 된다. 그런데 이 모든 프로그램은 영어로 진행된다. 그 점이 조금 아쉽다.

　크루즈 안에는 병원도 있다. 의사가 상주하고 있어 의사의 처방으로 약을 사서 먹을 수도 있다. 다쳤을 경우에도 치료가 가능하다. 나도 깜박 잊고 드레싱 용품을 챙겨 오지 않아서 병원에 방문하여 필요한 용품을 구입했다. 경비는 생각보다 많이 들지 않는다. 그러니 평소에 먹던 약이 떨어진다 해도 크게 걱정할 필요는 없을 듯하다.

크루즈 식당

크루즈 쇼 극장

크루즈 내 카지노

크루즈 안에서 알차게 보내려면 매일 아침마다 오는 선상 신문을 유심히 봐야 한다. 다행스럽게도 한국어 버전이 있다. 안내 데스크에 한국어 신문을 달라고 요청하면 된다. 이 신문에는 그날 펼쳐지는 여러 프로그램들이 소개되어 있다. 마치 TV 편성표처럼 오늘과 내일 펼쳐지는 프로그램이 시간별로 나와 있어 슬기로운 크루즈 생활을 하기 위해서는 필수이다.

나는 긴 항해 시 매일 저녁 쇼를 즐겨 보았고 카드놀이와 카지노, 퀴즈대회에 참여하였다. 신체 활동이 많은 액티비티 프로그램이 많아 우리 중증장애인들이 참여하기에는 어려움이 있다.

빼놓을 수 없는 즐거움은 바로 화려한 식사이다. 공짜로 제공되는 뷔페는 정말 압권이다. 음식이 놓여 있는 테이블의 길이가 거의 70m 정도로 전 세계의 산해진미가 매 끼니마다 차려지고 그런 음식을 망망대해가 펼쳐지는 창가에 앉아서 즐길 수 있다.

그리고 엘레강스한 만찬을 소개하고 싶다. 만찬이 있는 날에는 선상 신문에 대문짝만하게 나온다. 중요한 것은 이 만찬은 무료이지만 드레스 코드가 있다. 편하게 운동복이나 슬리퍼를 신고 입장할 수가 없다. 크루즈 여행을 준비한다면 정장을 필히 챙겨 가야 한다. 멋진 식사와 함께 공연도 즐길 수 있다.

크루즈 안에는 공짜로 즐길 수 있는 스낵 코너가 있는데 콜라와 피

만찬 연회장

크루즈의 노을

자는 무제한으로 먹을 수 있다. 역시 선상 신문에 언제 어디서 이런 스낵 코너가 열리는지 안내되어 있다. 너무 흔하면 맛이 없어지는 건가? 나도 두 번 정도 먹고는 안 먹게 되었다.

그밖에 고급 일식 식당, 이태리 식당, 씨푸드 식당 등은 다 따로 돈을 내야 한다. 석양이 질 무렵 수평선 너머로 해가 지는 모습을 보면서 멋지게 식사하는 것을 추천한다. 비용이 조금 들긴 하는데 석양을 바라보며 와인을 곁들인 요리를 먹다 보면 어느새 해가 지고 달빛을 보며 식사를 할 수 있어 분위기는 최고이다.

크루즈 선장이
주최하는 파티

| 크루즈 선장이 주최하는 파티

 크루즈 안에서는 생각보다 다채로운 이벤트가 우리를 기다리고 있다. 앞에서 소개했던 여러 액티비티 프로그램 말고도 참 다양한 것들이 있는데, 제일 먼저 소개하고 싶은 것은 선장이 주최하는 파티이다.

 이 파티에는 주로 정장을 입거나 각국의 전통의상을 입고 참여하게 되는데 선장과 함께 기념사진을 찍는 것이 포인트이다. 크루즈의 선장은 우리가 생각하는 것보다 훨씬 더 멋진 사람이다. 크루즈 종사자만 해도 어마어마하고 승객 또한 수천 명에 달하며 그 규모가 웬만한 호텔이 바다 위를 떠다니는 것이기에 그 책임과 권한이 막중하다 할 수 있다.

만찬에 참석한 필자

선상 파티 후 선장과 기념사진

선상 파티는 크루즈 내의 중앙광장 같은 넓은 곳에서 열리는데 간단한 칵테일을 즐기며 준비된 쇼를 볼 수 있고 특히 여러 나라의 전통의상을 입은 승객들의 옷차림을 보는 것만으로도 매우 흥미롭다. 크루즈 여행을 준비한다면 한복을 챙겨 가는 것도 좋을 것이다.

크루즈 안에서는 여러 세일이 진행된다. 세일 날짜와 시간은 매일 배달되는 선상 신문에 기재되어 있으니 꼼꼼히 챙기는 것이 좋다. 주로 명품 숍에서 세일을 하는데 원하는 물건을 구입하려면 조금 서두르는 것이 좋다. 30~50% 정도 세일을 하는데 아주 신상은 거의 없고 조금 지난 것들이 주로 있다. 유행을 타지 않는 물건과 디자인을 고른다면 평소 사고 싶은 것들을 싸게 살 수 있는 기회이다. 품목은 매우 다양해서 화장품, 향수, 시계, 가방, 잡화 등이다.

우리가 영화 속에서 크루즈 여행을 볼 때 가장 인상 깊은 것은 아마도 배 위의 수영장에서 선텐을 즐기는 모습일 것이다. 나도 그랬는데, 실제로 여러 규모의 풀장이 배 위에 있다. 어린이 풀장, 온수와 물방울이 나오는 풀장, 일반적인 풀장 등 매우 다양하다. 야간 시간을 제외하고는 누구나 언제든지 수영장을 즐길 수 있다.

그리고 수영장 한쪽에서는 무제한으로 제공되는 아이스크림 바가 있어 어린아이들의 인기를 독차지하고 있다. 수영장에서 저녁마다 파티가 펼쳐지는데 간단한 주류를 즐기며 전 세계의 승객들과 친교할 수 있는 시간이다.

수영장 둘레로 조깅트랙이 있다. 많은 서양 사람들이 조깅하는 모습을 쉽게 볼 수 있고 망망대해를 운행하는 배 위에서 조깅하는 기분은 매우 색다를 것 같다. 나도 같이 뛰고 싶은 마음이 간절해지는 것을 느끼며 전동 휠체어로 한 바퀴 신나게 달려 보았다.

크루즈에서 하선하는 날은 매우 중요하다. 일단 짐을 잘 싸야 할 것이고 그동안 ID로 결제한 금액을 자신의 신용카드로 일괄 결제해야 한다. 이 절차가 생각보다 줄이 길 수 있으니 참고하기 바라고 승객이 워낙 많다 보니 객실번호로 그룹을 나누어 체크아웃 시간이 따로 있음을 명심해야 한다.

나는 외국계 회사인 로얄 캐리비안 크루즈를 이용하여서 한국어를 할 수 있는 승무원이 따로 없었다. 영어를 할 수 없다면 여러 가지로 불편한 상황이 생길 수 있을 것 같다. 선내 방송이 영어와 중국어로만 나온다는 것이 매우 안타까운 일이다.

한국 사람들이 패키지 상품으로 온 것을 보니 다행히도 여행사 직원이 단체 관광객을 인솔하는 모습을 많이 보았다. 패키지 상품을 이용한다면 불편함 없이 크루즈 여행을 즐길 수 있을 것이다. 또 지금은 롯데관광의 크루즈 여행도 있으니 국내 크루즈 회사의 여행상품을 이용하는 것도 편리할 것 같다.

다음 편에서는 유럽 여행을 소개하겠다.

3. 유럽

유럽 여행
준비

　지금부터는 유럽 여행기를 소개하고자 한다. 이번 여행의 코스는 런던, 파리, 바르셀로나이다. 독일을 들르고 싶었는데 너무 일정이 빡빡한 것 같아서 이번에는 생략하고 느긋한 여행을 계획하였다. 본격적인 여행기에 앞서 팁을 소개하겠다.

　런던 히드로공항은 공항세가 20만 원 정도 붙는다. 이 공항세는 출국할 때 붙는 것이기 때문에 만약 유럽을 여행하고자 한다면 런던으로 들어가서 다른 나라 공항으로 출국하는 것이 공항세를 아낄 수 있는 비결이다.

　공항세는 우리가 구매하는 탑승권에 포함되어 있다. 각 공항마다 공항세가 다르다. 그러니 런던에서 출국하는 비행기 값은 상대적으로 비싸다고 보면 된다.

인천에서 런던까지는 12시간 정도가 걸린다. 중증장애인의 몸으로 12시간을 앉아 있어야 한다는 것은 경험하지 못한 사람들은 절대 이해할 수 없을 것이다. 내 엉덩이가 12시간 동안 의자에서 한 번도 떨어지지 않는다는 것은 보통 사람들은 상상도 할 수 없을 것이다.

그래서 이번 여행에서는 15만 원을 더 내고 이코노미석 맨 앞자리를 구매하였다. 다리라도 편하게 뻗을 수 있고 보호자가 나를 여러 가지로 도와주기도 편하기 때문이다. 각 항공사마다 이런 좋은 자리를 중증장애인에게 우선권을 주면 좋으련만 추가비용을 받고 판다는 것이 참 아쉽다.

추가비용을 내고 이코노미석 맨 앞자리를 구매하여도 비즈니스 라운지를 이용할 수 있다는 것은 중요한 팁이다. 비즈니스 라운지에는 각종 음료와 칵테일, 맥주 등이 있고 호텔 조식부페 정도의 음식이 있으며 라면과 과자류, 커피 등이 있어 널찍하게 앉아 음식을 먹으면서 탑승 시간을 기다릴 수가 있다.

나는 아주 어렸을 때부터 유럽 여행을 꿈꿔 왔다. 이유는 단 한 가지 박물관을 보기 위해서이다. 말로만 듣던 대영박물관과 루브르박물관을 실제로 가서 보고 싶었다. 백과사전과 미술 교과서에서 나오던 유명 작품들을 실제로 보고 싶어서 유럽행을 결정했다.

총 2주의 여정인데 런던에서 4일, 파리에서 4일, 바르셀로나에서 6일이다. 바르셀로나는 가우디의 작품을 보기 위해서 가는 것이다. 대학 때 내 친구의 소개로 가우디의 건축물을 사진으로 보았는데 그때 받았던 충격이 아직도 남아 있다.

도대체 이 천재 건축가는 누구이길래 100년이 넘게 공사가 이어지고 있는가 하는 궁금증을 대학 시절부터 지금까지 갖고 있기 때문에 나는 바르셀로나를 꼭 가고 싶었다.

전동 휠체어를 이용하는 나는 유럽의 도시에서 어떻게 이동하며 다닐 수 있을까에 대한 연구를 시작했다. 여러 여행 후기를 읽어 보고 유튜브 영상을 보면서 계획을 짰다.

그러나 대부분은 비장애인의 입장에서 만든 글과 영상이기 때문에 전동 휠체어를 타고 어떻게 시내를 다닐 수 있을지에 대한 추가적인 조사가 필요했다. 인맥을 이용할 수 있으면 그쪽에서의 경험이 있는 사람에게 직접 물어보기도 하고 그쪽의 호텔과 관광청에 직접 문의하기도 해서 여행을 준비하였다.

영국은 유로화를 쓰지 않는다. 파운드화를 쓰고 있다는 것을 명심해야 한다. 그래서 영국에서 쓸 파운드화를 조금 준비하고 나머지는 유로화로 준비하여 나는 인천공항으로 장애인 콜택시를 타고 달려간다.

여기서 팁 하나! 서울장애인콜택시를 타고 인천공항으로 가려면 본인 명의의 탑승권을 사전에 서울장애인콜택시로 보내야 한다는 것을 알려 드리고 싶다.

런던 지하철,
엘리베이터 없는 역 많아

| 대영박물관 누구나 무료입장

12시간의 비행을 마치고 런던 히드로공항에 도착한 나는 친절한 공항 직원의 안내로 지하철역까지 편히 도착하였다. 문제는 여기서부터인데, 내 숙소가 위치한 지하철역에는 엘리베이터가 없다는 직원의 이야기를 들었다. 어떻게 할까 고민하고 있는데 다른 직원이 택시를 타고 갈 수 있다는 말을 하였다.

런던 택시는 우리가 영화에서 보는 것처럼 딱정벌레처럼 생긴 검은 택시인데 휠체어 탑승이 가능한 택시들이 있었다. 나는 택시를 타고 숙소가 있는 켄싱턴에 도착하였다. 물론 택시비는 제법 나온다. 40분 정도 거리에 약 10만 원.

런던 날씨는 9월 초이고 화창한 날씨인데도 불구하고 꽤 쌀쌀했

대영박물관 앞에서

대영박물관 이집트관의 스핑크스

대영박물관 이집트관의 미라들

다. 서울은 아직 더워서 에어컨을 찾는 날씨인데 이곳은 낮 최고기온이 17도 정도밖에 오르지 않고 해가 떨어지면 금방 10도 이하로 내려가는 추운 날씨였다. 걷는 사람들한테는 얇은 겉옷만 걸치면 땀도 나지 않게 관광할 수 있는 기온이지만 앉아서만 있는 우리 휠체어 장애인들한테는 제법 쌀쌀한 날씨이니 얇은 패딩을 준비해 가는 것이 좋겠다.

도착한 날은 저녁을 먹고 취침에 들어갔고, 다음 날 아침부터 첫 번째 여정이 시작되는데 내 오랜 버킷 리스트 중 하나인 대영박물관을 찾았다. 다행히 대영박물관 근처의 역에는 엘리베이터가 있어 지하철로 이동을 했다. 여기서 팁! 런던 지하철에는 모든 역에 엘리베이터가 있는 것이 아니다.

백 년이 넘는 역사를 가지고 있는 지하철이라 또 시 전체가 역사적인 건물로 이루어져 있기 때문에 엘리베이터를 설치할 수 없는 곳이 꽤 많다. 다행히 런던 지하철 노선도를 보면 휠체어가 가능한 곳에는 장애인 마크가 표시되어 있어 가고자 하는 곳에 엘리베이터가 있는지를 미리 확인할 수 있다. 여행 중에 내가 느낀 건데 주요 관광지 근처의 역에는 대부분 엘리베이터가 없었다. 다행히도 런던의 상징 2층 버스를 타면 휠체어 장애인도 런던 구석구석을 구경할 수 있다.

대영박물관은 모두에게 무료입장이다. 줄이 엄청 길게 서 있는데 휠체어 장애인은 줄을 서지 않고 바로 입장할 수 있도록 도와준다.

여기서 팁! 대영박물관에 입장하려면 공항에서처럼 자신의 모든 짐을 검색대 위에 올려놓아야 한다. 그러니 최대한 간단하게 짐을 꾸려서 대영박물관을 방문할 것을 권한다.

대영박물관은 역사적으로 아주 훌륭한 유물들로 가득한데 그중의 으뜸은 이집트관이다. 이집트의 스핑크스와 미라 등이 전시되어 있다. 영국이 식민지 정책을 강력히 펼쳐 나갈 때 소위 해가 지지 않는 나라라는 명성이 있을 때 세계 곳곳을 식민통치하면서 현지의 역사적 유물을 챙겨서 이곳에 전시하고 있는 것이다.

아무도 역사적인 시야를 갖고 있지 않던 시대에 그 역사적인 가치를 알아보고 유물들을 이곳으로 가지고 온 것은 당시에는 찾아볼 수 없던 안목이었다고 설명할 수 있으나 이 유물들은 빠른 시일 안에 자신의 본국으로 돌아가야 되지 않을까 하는 생각이 박물관에 있는 내내 강하게 들었다.

세계사 시간에 배웠던 최초의 법전 함무라비법전이 있고, 정말 지금이라도 벌떡 일어날 것 같은 미라들이 다양하게 전시되어 있다. 또한 앗시리아와 바빌론 제국의 성벽과 신상들이 그대로 전시되어 있어 그것들 앞에 서 있으면 몇 천 년이라는 시간을 거슬러 그때 당시 그곳의 영광과 위엄이 내게 전해지는 듯하다. 한 3일 정도는 시간을 잡고 매일 출퇴근하면서 구경을 하면 참 좋을 것 같다. 내가 또 영국을 방문한다면 반드시 그렇게 해 보리라.

전동 휠체어로
런던 2층 버스 타기

> 런던 시내버스 정류장 복잡해 주의 요망
> 런던의 박물관, 미술관 모두 무료입장

앞에도 말했듯이 런던 지하철은 엘리베이터가 없는 역이 많아서 우리 휠체어 장애인들이 타고 다니기에는 매우 불편한 점이 있다.

런던의 상징 2층 버스

그것을 충분히 대체할 수 있는 것은 바로 런던의 상징 빨간 2층 버스이다. 정말 앙증맞게 생긴 2층 버스가 런던 시내를 누비고 있는데 모두 휠체어로 탑승이 가능하다. 휠체어석이 따로 있고 정류장에 서 있기만 하면 기사가 버스를 잘 대주며 자동으로 경사로가 나온다.

요즘은 구글지도가 잘 나와 있기 때문에 해외에서도 출발지와 목적지를 설정만 하면 도보로 가는 코스, 대중교통으로 가는 코스를 자세히 안내받을 수 있다. 버스 번호와 정류장의 이름까지 안내된다.

여기서 팁! 런던 시내버스 정류장은 서울과는 달리 조금 복잡하다. 예를 들어 트라팔가 광장 정류장이라고 하면 버스 노선마다 정류장이 매우 많이 있다. 트라팔가 광장 A부터 F까지 되어 있어 내가 타는 버스가 그 정류장의 A인지 B인지… 살펴보아야 한다. 정류장 이름만 보고 멍하니 서 있다가는 해가 질 때까지 기다리는 버스를 못 볼 수도 있다.

대영박물관을 구경하고 나는 2층 버스를 타고 트라팔가 광장으로 향했다. 런던의 중심부에 위치한 대표적인 광장으로 런던을 여행하고 있는 모든 관광객들이 꼭 들르는 곳이다. 아주 다양한 인종의 사람들을 한곳에서 볼 수 있다.

비는 오지 않고 꽤 쌀쌀한 날씨였는데 내가 트라팔가 광장에 도착했을 때는 해가 나오기 시작해서 나를 비롯한 많은 관광객들이 따뜻

2층 버스에 탄 필자

트라팔가 광장의 넬슨 제독 상

한 햇볕을 맞으며 커피 한잔을 하는 여유를 즐길 수 있었다. 광장 한 옆에서 바닥에 만국기를 분필로 그리는 사람이 있었는데 태극기도 그 안에 있어서 매우 반가웠던 기억이 있다.

트라팔가 광장은 영국의 이순신 장군 격인 넬슨 제독이 트라팔가 해전에서 스페인의 무적함대를 무찌른 것을 기념하기 위하여 이름을 붙였다고 한다. 당시만 해도 전 세계 바다의 패권을 스페인이 쥐고 있었다. 경쟁국인 영국과 프랑스는 속수무책으로 스페인 함대에 의해 연일 패전이었다. 그러던 중에 얻은 큰 승리이고, 이 해전을 기점으로 스페인은 바다의 패권을 영국에게 넘겨주게 된다. 영국이 그 유명한 해가 지지 않는 나라를 만들 수 있는 시작점이 바로 트라팔가 해전이다.

또 이 광장에는 내셔널 갤러리가 위치하고 있다. 대영박물관에 이어 영국의 대표적인 갤러리이다. 우리가 미술 백과사전에서 보던 르네상스 시대의 화가 보티첼리의 작품이 많아서 개인적으로 큰 감명을 받은 곳이다. 런던을 방문한다면 꼭 둘러보기를 추천한다.

영국은 박물관의 나라이다. 아주 훌륭한 박물관과 갤러리들이 많다. 이것들만 구경해도 며칠이 걸릴 것이다. 또 무엇보다도 영국의 박물관과 갤러리는 무료이다. 영국은 역사적인 가치를 갖고 있는 작품들을 시민들에게 무료로 공개하고 있다. 나같이 박물관을 좋아하는 사람들은 비용의 부담 없이 자신의 호기심을 채울 수 있는 곳이다.

내셔널 갤러리 앞에서

런던은 오래된 건물이 많기 때문에 휠체어가 들어갈 수 있는 식당과 상점을 찾는 것이 조금 어렵다. 여행을 준비하면서 많은 맛집 리스트를 갖고 갔지만, 대부분은 휠체어로 접근이 어려웠다. 그냥 돌아다니다가 휠체어가 들어갈 수 있는 곳을 찾아서 밥을 먹어야 했다. 이 점은 꼭 알고 여행을 준비하기 바란다.

우연히 찾아 들어간 스테이크 집이었지만 휠체어가 들어가기가 편했고 트라팔가 광장 바로 근처에 위치하고 있어서 편하게 식사를 즐길 수 있었다. 런던에는 피시 앤 칩스 가게들이 많다. 간단하게 생선과 감자를 튀긴 요리인데 시원한 맥주와 곁들여 먹으면 아주 제법이다.

전동 휠체어로
템스강 유람선 타기

　트라팔가 광장에서 걸어서는 약 1km 거리에 웨스트민스터 궁전이 있다. 예전에는 왕실의 궁전으로 사용했으나 왕실의 궁전이 버킹엄궁전으로 옮겨 가면서 영국의 의회의사당으로 사용되고 있다. 민주주의가 만들어지고 성장하게 된 이곳은 매우 의미 있는 곳이다.

　이 웨스트민스터 한쪽 끝에는 전 세계인들이 다 알고 있는 빅벤이라는 시계탑이 있다. 이 시계탑은 4면으로 시계가 설치되어 있어 어디에 있든지 시간을 볼 수 있는 건축물로 1859년에 설치되었다고 한다.

　아쉽게도 내가 런던을 방문한 2019년 9월은 한창 빅벤이 공사를 하고 있는 상황이라 가림막으로 가려져 있었다. 2017년부터 대대적인 수리공사가 시작되었고 2021년에 완공된다고 하니 아마 내년부터는 빅벤의 원모습을 볼 수 있을 것이다.

타워 브릿지(도개교)

템스강 선착장에서 보이는 런던 아이

빅벤 주변에는 얼마나 사람이 많은지 내 휠체어가 사람을 피해 다니기 어려울 정도였다. 빅벤이 공사를 마친다면 더 사람이 많을 것이다. 사람이 많은 이유가 빅벤도 빅벤이지만 그 바로 옆이 템스강 유람선을 타는 선착장이 있기 때문이다.

런던은 서울의 한강처럼 템스강이 흐르고 있다. 매우 큰 강이라고 해서 기대를 했는데 강폭은 한강보다 좁다. 대신 물살이 엄청 세다는 것을 느꼈다. 템스강에 군함이 들어와 있는 것을 보니 수심은 한강보다 훨씬 깊어 보였다.

사전 조사에서 템스강 유람선에 휠체어도 탑승 가능하다는 것을 알았기에 주저 없이 유람선을 타러 선착장으로 향했다. 선착장은 런던의 상징인 의회의사당 시계탑인 빅벤 바로 옆에 위치하고 있으니 런던 여행을 준비한다면 빅벤을 보고 유람선을 타는 코스를 잡는 것이 좋을 것이다.

선착장에 도착하니 휠체어가 들어가는 코스는 바로 보이지 않고 계단만 보였다. 사람들에게 물어 경사로로 내려가서 배표를 사고 탑승을 했다. 한강 유람선에는 휠체어로도 앞 갑판까지 나갈 수 있어서 강바람을 맞으며 나름 타이타닉의 주인공이 되는 느낌을 낼 수가 있는데 아쉽게도 템스강 유람선에는 밖으로 나갈 수 있는 휠체어 통로는 없었다. 물론 계단을 통해서 2층으로 올라가면 지붕 없이 템스강을 만끽할 수 있다.

타워 브릿지 건너기

템스강 유람선은 코스에 따라서 운행 시간이 다른데 내가 탄 것은 40분 정도 소요되는 배였다. 거센 물살을 헤치며 템스강을 누비다 보니 런던의 상징인 타워 브릿지도 나오고 우리가 잡지에서나 보던 런던 아이, 고풍스러운 성들이 내 눈에 들어왔다.

타워 브릿지 현판

특히 타워 브릿지를 보는 순간 아주 옛날이야기인데 중학교 영어 교과서 앞표지를 장식하던 타워 브릿지 모습이 떠올랐다. 어린 시절 영어 교과서 표지를 보면서 '와 이런 곳이 있구나!' 하며 마냥 동경해 왔는데 내 눈으로 직접 보니 감회가 새로웠다.

런던 여행,
버킹엄궁 근위대 교대식 놓치지 말자

| 근위대 교대식은 월별로 시간대가 다르니 주의
| 휠체어 장애인은 경찰이 좋은 자리로 안내해 줌

 런던 여행하면 빼놓을 수 없는 것은 영국 여왕이 거주하고 있는 버킹엄궁 근위대 교대식이다. 이 교대식은 우리가 흔히 보는 검정 털모자에 빨간 제복을 입고 있는 근위병들이 하루에 1회 교대를 하기

버킹엄궁 근위병 교대식

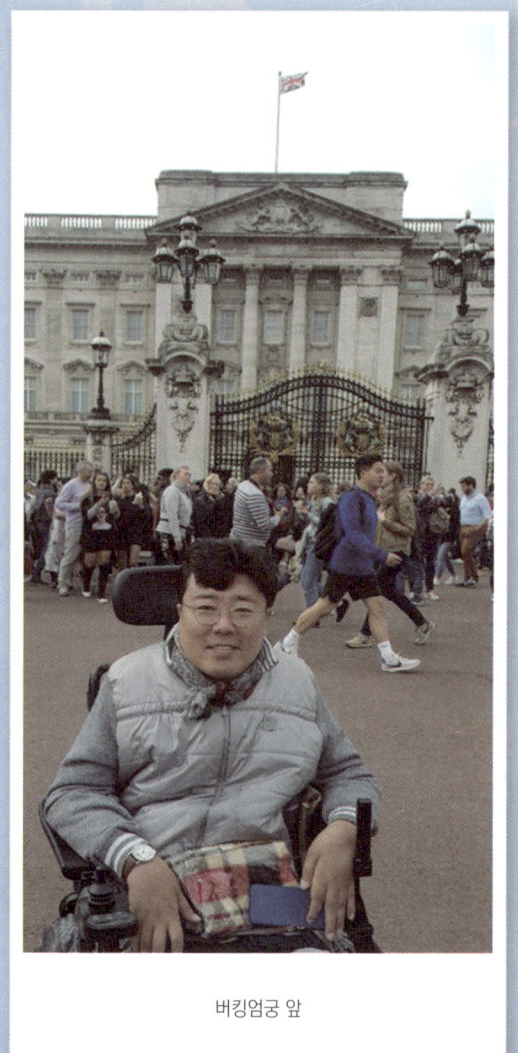

버킹엄궁 앞

버킹엄궁 기마경찰

바킹엄궁 경찰과 한 컷

위하여 세인트 제임스궁에서 출발하여 버킹엄궁까지 군악대의 연주와 함께 행진하는 의식이다.

매일 오전 11시에 버킹엄궁 앞에서 교대식이 펼쳐지고 이것을 보기 위하여 전 세계에서 온 관광객들이 한 시간 전부터 그 앞에 장사진을 치고 있다. 좋은 자리를 얻으려면 한 시간 정도는 빨리 가야 할 것이다.

팁! 근위병 교대식 시간은 연중 일정하지가 않다. 4월부터 7월까지는 매일 11시 30분에 하고 8월부터 3월까지는 격일로 11시에 하니 자신의 여행 일자에 맞춰 놓치지 않기 바란다. 재미있는 팁 하나를 더 소개하자면 버킹엄궁 위에 영국 국기가 게양되어 있으면 지금 여왕이 궁에 있다는 표시라고 한다.

나도 서둘러서 그곳에 도착했으나 45분 전이었는데도 불구하고 이미 사람들이 꽉 차 있었다. 어디 빈자리가 없나 살피고 있는데 말을 탄 런던 경찰이 나에게 손짓을 했다. 그리고 그가 가리킨 곳은 버킹엄궁 대문 바로 앞 황금자리였다. 경찰은 멀리서 휠체어를 타고 있는 나를 알아보고 그 자리를 안내해 준 것이다. 나 외에도 몇 명의 휠체어 장애인들이 그곳에서 교대식을 기다리고 있었다. 유럽 여행을 하다 보면 휠체어 장애인을 배려하는 모습은 심심치 않게 볼 수 있다.

시간이 다가오고 있다. 멀리서 군악대의 힘찬 연주 소리가 들려온다. 이어 말을 탄 기마경찰이 들어오고 보병 군악대들이 긴 총을 어깨에 대고 행진에 오고 있다. 행렬 끝에는 군악대가 자리하고 있다. 해외 토픽에서나 보던 영국 근위병 교대식을 실제로 보니 매우 인상적이었다. 남자만 있는 줄 알았는데 여자 근위병도 있었다.

이 교대식을 보기 위하여 정말 많은 사람들이 모이기 때문에 교대 시작 전까지 기다리고 있는 사람들에게 런던 경찰은 계속해서 소매치기를 주의하라고 경고하고 있었다. 사람들이 빽빽하게 서로의 몸이 닿을 정도로 밀집해 있기 때문에 정말 소지품을 주의해야 한다.

이 교대식은 계절별로 시간대가 다르기 때문에 미리 살펴보고 가야 할 것이다. 10분 정도의 교대식이 끝나자 수많은 사람들은 썰물처럼 사라지고 나는 그곳에 남아 있는 런던 경찰과 기념사진을 찍었다. 그는 매우 익숙하다는 표정으로 나를 포함한 많은 관광객들과 사진을 찍어 주었다.

근위대 교대식을 보면서 낯설은 것은 경찰들이 말을 타고 다니는 모습이다. 말은 실제로 보니 매우 키가 컸다. 말 위에 타고 있는 경찰은 정말 높은 위치에서 시민들을 내려다보고 있었다. 지금도 말을 탄 경찰이 매우 위엄이 있어 보이는데 옛날에는 얼마나 그 위엄이 컸을까?

근위병 훈련 학교

3. 유럽

런던 시내를 돌아다니다가 근위병 훈련 학교를 발견하고 그곳을 구경하는데 말이 생각보다 더럽다는 것을 알게 되었다. 멀리서 볼 때는 멋진 말의 모습이 참 인상적이었는데 가까이에서 보니 말 주변에는 말똥이 널브러져 있고 악취가 심했다.

예전에 마차가 다니던 시대에는 말들이 거리에 똥을 쌌을 텐데 이것을 일일이 누가 어떻게 치웠을까 하는 궁금증이 갑자기 들었다.

웨스트민스터 사원,
영국 왕의 탄생과 죽음의 장소

| 영국의 왕과 왕비 그리고 영국을 빛낸 유명 인사의 무덤

사실 나는 런던 여행 중에 웨스트민스터 사원을 두 번 방문했다. 일부러 그런 것이 아니라 첫 방문 때 벌써 문을 닫아서 또 와야 했다. 전에도 언급했지만 런던의 박물관들은 오후 3시 반에 문을 닫는 경우가 많이 있으니 시간을 정확히 알아보고 방문해야 한다. 3시 45분에 도착했는데 벌써 문을 닫아서 나는 다음 날을 기약해야만 했다.

두 번째로 찾아가는 길이라 아주 익숙하게 편하게 갈 수 있었다. 웨스트민스터 사원 정면에서 지나가는 사람에게 사진을 부탁하여 멋지게 한 장 찍은 후 티켓박스로 향했다. 입장료는 정확히는 기억나지 않지만 대략 3만 원 정도 했던 것 같다. 그러나 중증장애인과 동반 1인은 여기도 무료입장이다.

사람들이 꽤 많았다. 줄을 지어 입장을 했고 들어가자마자 나는 오디오 가이드를 대여했다. 박물관을 제대로 구경하기 위해서는 오디오 가이드가 꼭 필요하다. 우리말 서비스가 지원되는 곳도 많으니 꼭 대여해서 작품마다의 설명을 들어 보길 권한다.

오디오 가이드를 목에 걸고 이제 본격적으로 관람에 들어간다. 정말 아쉬운 것은 내부 촬영은 금지되어 있어 모습들을 소개할 수 없어 참 안타깝다. 웨스트민스터 사원은 영국 성공회의 교회로 만들어졌다. 최초로 지어진 것은 7세기고 이후 여러 개증축을 통해 지금의 탑 두 개의 고딕 양식으로 자리 잡았다.

예배당이기 때문에 내부에는 예배를 드릴 수 있는 넓은 장소가 있다. 신부가 설교를 하는 강단이 있고 그 옆으로는 엄청나게 큰 파이프 오르간이 있다. 그 오르간을 보는 순간 마치 웅장한 오르간 연주가 들리는 듯했다. 어떤 소리가 나올지 참 궁금하기도 했다.

그리고 찬양대석이 있고 중앙에는 신자들이 앉아서 예배를 드릴 수 있는 좌석이 있다. 이곳은 예배당이긴 하지만 실제로는 영국 왕의 탄생과 죽음이 이루어지는 곳이다.

영국 왕은 태어나서 세례를 받게 되면 주로 이곳에서 세례를 받는다. 또 왕위를 이어받을 때 즉, 대관식을 이곳에서 치른다. 왕이 죽고 나면 장례식을 또한 이곳에서 치른다. 웨스트민스터 사원은 말

웨스트민스터 사원 입구

3. 유럽

웨스트민스터 사원 앞에서

그대로 영국 왕의 탄생과 죽음이 일어나는 장소다.

실제로 이곳에는 영국 왕들의 무덤이 있다. 내가 둘러본 웨스트민스터 사원은 아주 웅장하고 아름다운 무덤이었다. 영국의 역대 왕들이 이 사원에 묻혀 있다. 왕 말고 묻혀 있는 사람들이 있는데 영국에 공이 많은 인물들이다.

우리가 잘 아는 처칠, 뉴턴, 다윈, 셰익스피어, 찰스 디킨스 등 영국 역사에 한 획을 그은 정치가, 예술가, 과학자 등이 이곳에 잠들어 있다. 이곳에 뼈를 묻고 있다는 자체가 대영국의 발전에 지대한 공을 세웠다는 의미이다.

영국의 성당 중 가장 높은 본당과 16세기 초 지어진 아름다운 직립식 천장으로 유명한 헨리 7세 예배당, 웨스트민스터 사원의 역사가 그려진 대형 스테인드글라스를 통해 빛이 들어오는 팔각형의 챕터 하우스 등은 웨스트민스터 사원에서 놓치지 말아야 할 중요한 장소다. 2011년 4월 윌리엄 왕자와 케이트 미들턴의 세기의 결혼식이 열렸던 장소이기도 하다.

그리고 이곳은 개신교 장로교회의 웨스트민스터 신조가 만들어진 곳으로도 유명하다. 찬찬히 여러 곳을 둘러보면서 내가 영국의 역사 속으로 스며드는 것 같았다. 어렸을 때부터 교과서에서나 보던 인물들이 잠들어 있는 곳에 내가 있다는 생각만으로도 가슴이 벅찼다.

3. 유럽

런던,
휠체어 장애인도 소매치기 대상

> 세인트 폴 대성당,
> 찰스 황태자와 다이애나 비의 세기의 결혼식
> 소지품 관리 주의해야

 지난 번 소개한 트라팔가 광장은 런던의 중심부에 있기 때문에 런던의 어느 곳을 가든지 트라팔가 광장에서 버스를 갈아타고 가야 되는 경우가 상당히 많다. 나도 런던에 있는 4일 동안 매일 트라팔가 광장을 들렀다.

 오늘은 604년에 지어졌고 1600년대에 오늘날의 모습을 갖춘 세인트 폴 대성당을 찾아간다. 이곳은 80년대 초 찰스 황태자와 다이애나 비의 세기의 결혼식이 거행된 장소이다. 영국의 대표적인 관광지이고 천장이 돔 양식으로 되어 있어서 웅장하면서도 아늑한 분위기를 연출하고 있습니다. 물론 무료입장이다.

세인트 폴 대성당 내부

자연 채광이 신비로운 세인트 폴 대성당

3. 유럽

들어가는 메인 입구는 계단으로 되어 있어서 휠체어 장애인이 가면 엘리베이터로 연결되는 코스를 직원이 안내해 준다. 엘리베이터를 타고 성당 안으로 들어가면 높은 돔 천장과 창으로 들어오는 자연 채광으로 그 안이 신비롭게 연출된다.

성당 내부는 설교를 하는 설교단과 찬양대석 그리고 일반 회중이 앉는 자리로 구분이 된다. 지금이라도 웅장한 파이프 오르간이 연주될 것 같은 분위기이다. 아주 어렸을 때 찰스 황태자의 결혼식을 TV 중계로 본 기억이 있는데 그곳에 내가 와 있다니 믿어지지가 않는다.

안타깝게도 돔 전망대는 계단으로 되어 있어서 우리 휠체어 장애인들은 접근할 수가 없다. 그래도 성당 곳곳의 아름다움을 충분히 감상할 수 있으니 그리 아쉬움은 없다. 약간 비가 오다 말다 하는 날씨였는데도 많은 관광객들이 이곳을 찾고 있었다.

다시 강조하는 팁! 런던의 모든 박물관과 갤러리, 성당 등은 오후 3시 30분이면 거의 문을 닫는다. 일부 조금 더 늦게 닫는 곳도 있지만 대부분은 3시 30분에 문을 닫기 때문에 부지런히 서둘러서 가야한다. 사실 나도 이것을 모르고 웨스트민스터 사원을 찾아갔다가 되돌아온 적이 있다.

세인트 폴 대성당을 구경하고 나서 버스를 타고 숙소가 있는 켄

세인트 폴 대성당 돔

세인트 폴 대성당 앞에서

싱턴에 도착했다. 간단히 저녁을 먹을 것과 과일을 사기 위하여 호텔 앞 과일 가게에서 지갑을 꺼내는데 지갑이 없었다. 몇 번이고 찾아봤지만 지갑이 든 가방은 얌전히 내 휠체어에 걸려 있는데 지갑만 없는 것이다.

아무리 생각해도 점심 식사 때 지갑을 꺼내고 결제를 했으니 식사 후 트라팔가 광장에서 버스를 갈아타고 이동할 때 소매치기를 당한 것 같다. 초행길이기 때문에 그것도 낯선 외국이라 내리는 버스 정류장을 놓치지 않으려고 계속 창밖을 보고 다음 정류장을 안내하는 전광판을 보고 있었는데 그때 소매치기를 당한 것 같다.

당장 소지했던 현금과 카드가 없어졌으니 아주 난처한 상황이 되었다. 해외에서 분실한 것에 대해 여행자보험으로 보상을 받으려면 현지 경찰서에 도난 및 분실신고를 한 이력이 있어야 한다는 것을 알았기에 나는 숙소에 도착하자마자 인근 켄싱턴 경찰서로 향했다. 도착한 시간이 오후 5시였는데 경찰서 문이 닫혀 있었다. 비상문도 없고 현관 앞에 인터폰이 있어서 통화를 시도했으나 아무도 받지 않았다. 안내문을 보니 5시에 문을 닫는다고 씌여 있었다. 그때가 5시 5분이였는데….

켄싱턴 경찰서는 그냥 동네 파출소가 아니다. 5층 건물의 경찰서인데도 불구하고 5시에 문이 닫혀 있다니… 마침 동네 사람들이 지나가기에 경찰서 문이 닫힌 거냐고 물었더니 자신들도 인터폰을 눌러 보고 답이 없자 모르겠다고 그냥 지나갔다.

내일은 유로스타를 타고 파리로 넘어가야 하는데 경찰서에 분실, 도난 신고도 못할 처지가 되었다. 일단 숙소로 돌아오고 내일 파리로 넘어갈 준비를 하는 수밖에….

해외여행 시 도난, 분실사고 대처요령

해외여행을 하면서 기분 좋게 여행을 마친다면 참 좋겠지만 뜻하지 않게 도난과 분실 사건이 생기기도 한다. 특히 우리는 휠체어 장애인이라 여행 자체로도 준비할 것도 많고 힘든 점도 많은데 이런 일을 당한다면 참 당혹스럽고 우리의 여행을 훨씬 더 힘들게 만들 것이다. 런던에서 소매치기를 당한 내 경험으로 여러분들에게 도움이 되길 바라며 글을 쓰겠다.

1. 일단 현지 경찰서에 도난, 분실신고하기

여행을 가기 전에 대부분 여행보험에 가입할 것이다. 우리가 여행 중에 다치거나 분실을 하게 되면 보상을 받을 수 있기 때문이다. 그런데 중요한 것은 현지에서 도난, 분실을 당했을 경우 잊지 말고 현지 경찰서에 도난, 분실신고를 해야 한다. 그 신고한 자료가 없으면 국내에 들어와 보험사에 보험금을 청구할 수가 없다.

중요한 것은 현금은 도난, 분실신고 대상이 아니다. 나도 파운드화와 유로화가 조금 있었으나 전혀 보상받지 못했다. 지갑, 가방 등 물건에 대한 것만 보상을 받을 수 있다. 여행사에 보상을 청구할 때 중요한 것은 내가 잃어버린 물건의 가격을 정확하게 알고 있어야 한다는 것이다. 언제, 얼마 주고 샀는지 알아야 보험청구서를 작성할 수 있다.

2. 현지에서 현금 서비스 받기

나는 런던 여행 마지막 날에 카드와 현금 일부를 도난당했기에 얼마 남지 않은 유로화로 남은 10일의 일정을 소화할 것이 막막하였다. 파리로 넘어가서 여러 가지 생각을 했다. 한인교회를 찾아가서 도움을 청해야 하나 아니면 한인식당을 찾아가야 하나….

파리에서 여행을 하면서 계속 검색을 한 결과 대한민국 총영사관에 가면 인터넷뱅킹을 통해 현금서비스를 받을 수 있다는 것을 알게 되었다. 이것

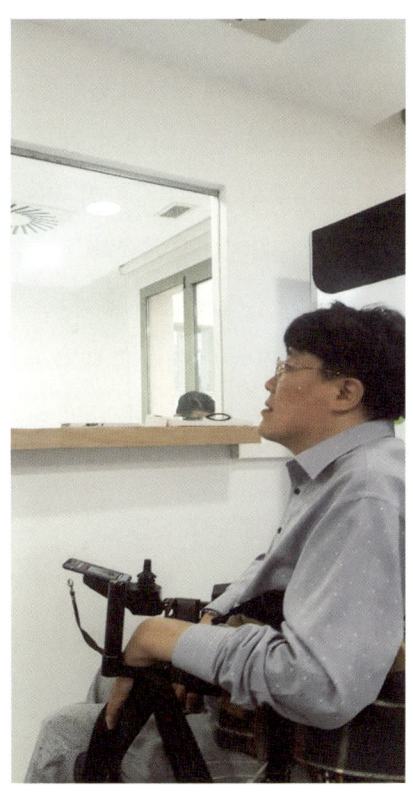

바르셀로나 총영사관에서 상담하고 있는 필자

이 무엇이냐면, 파리에서는 못하고 바르셀로나 총영사관에 가서 실제로 해 봤는데, 총영사관에 가면 내가 인터넷뱅킹으로 입금할 가상 계좌를 준다. 거기에 200만 원을 보내면 200만 원에 맞는 유로화를 총영사관에서 현금으로 내어 준다. 요즘은 누구나 전 세계 어디서나 인터넷뱅킹으로 송금을 할 수 있으니 매우 유용한 서비스라 하겠다.

이것을 진작 알았으면 파리 여행 때 돈과 카드가 없어서 쩔쩔매지 않았을 것을….

3. 휠체어 가방에 자물쇠 필수

유럽 여행을 준비하면서 많은 블로그나 유튜브 영상을 보았는데 하나같이 유럽의 로마, 파리, 바르셀로나는 소매치기가 많으니 각별히 조심하라는 내용이었다. 그래서 그 가르침대로 나는 가방을 잠글 수 있는 자물쇠도 다섯 개 정도 샀다. 문제는 그 소매치기 주의보 도시 중 런던이 없었기에 내가 방심했다. 자물쇠를 파리로 넘어가서 써야겠다고 생각한 것이 나의 실수였다.

런던도 소매치기가 많다. 누가 해외여행 다니면서 칠칠치 못하게 소매치기를 당하나 했더니 그게 바로 나였다. 여러분도 예외는 아닐 것이다. 나는 전동 휠체어를 타고 다니는 사람임에도 불구하고 내 가방에 손을 댔다는 자체가 놀라웠다. 한국에서는 상상도 못할 일이다. 아직도 우리 휠체어 장애인들을 보면 "고생이 많다, 씩씩한 모습이 좋다!"라고 격려해 주면 해 주었지 소매치기를 당하리라고는 상상도 못하는데 말이다. 소매치기를 당하니 허탈한 마음에 "휠체어 장애인 가방도 손을 대는 런던이야말로 진정한 장애인 차별이 없는 곳이구나!"라는 생각을 하며 웃었던 기억이 난다.

런던에서 소매치기당한 트라우마 때문인지 나는 한동안 우리나라 카페에서 공부를 하다가 노트북을 펴놓고 자리를 비우는 테이블을 보면 내가 더 불안감이 생겼다. 많은 곳을 다녀 봤지만 미국, 영국, 프랑스 할 것 없이 카페에 가방과 노트북을 펴놓고 잠시 자리를 비울 수 있는 곳은 대한민국이 유일하다. 모쪼록 부족한 내 글이 도움이 되었기를 간절히 바란다.

휠체어석이 있는 유로스타로
런던에서 파리로

| 사전에 인터넷 예약 필수, 장애인은 동반 1인까지 할인

 런던에서 파리까지는 비행기로 갈 수도 있지만 우리 휠체어 장애인들에게는 유로스타를 이용하여 가는 방법을 추천하고 싶다. 왜냐면 우리는 비행기 타려면 누군가에 의해 몇 차례 들려져야 하고 이로 인해 자세도 망가지기 때문이다.

 유로스타는 런던에서 파리까지 운행하는 고속열차인데 최고시속 300km로 달리며 소요 시간은 약 3시간이 걸린다. 영국과 프랑스 사이의 도버해협을 지하로 통과하기 때문에 유로스타를 타고 있으면 마치 영국과 프랑스가 육지로 이어져 있는 듯한 느낌을 받는다.

 유로스타를 이용하려면 인터넷으로 예약을 해야 한다. 날짜와 시간을 정확히 정하여 예약해야 하기 때문에 먼저 여행 일정을 확정하

유로스타

는 것이 필요하다. 일반석 기준 30유로이고 물론 중증장애인은 동반 1인까지 할인이 적용된다. 주의할 것은 여름철 성수기에는 예약하기가 매우 힘들다고 하니 미리 예약하는 것이 필요하다.

유로스타를 타기 위해서는 열차 시간보다 1시간 정도 먼저 도착하는 것이 필수이다. 비행기를 탈 때와 마찬가지로 짐을 다 검색하는 출국심사를 거쳐야 하기 때문이다.

런던의 세인트 판크라스역에서 탑승을 하게 되고 파리의 북역에 도착하는 일정인데 내가 놀란 것은 휠체어석이 특실에 있다는 것이다. 너무 넓고 쾌적한 특실에 휠체어석이 있어서 3시간 동안 엄청 편하게 이용하였다.

뜻하지 않게 멋진 식사가 제공되었다. 마치 비행기 기내식과 같은 느낌이었는데 전혀 예상을 하지 못해서 그런지 차창으로 보이는 프랑스의 넓은 들판을 바라보면서 기분 좋게 식사했던 기억이 아직도 남아 있다.

내가 탄 특실에는 아무도 없어서 정말 조용하게 이용할 수가 있었고 한쪽 구석에 차장의 사무실이 있어서 차장이 수시로 그곳을 지나갔다. 나는 잘됐다 싶어서 유로스타에 대한 궁금한 점을 몇 번 물었는데 친절히 대답해 주어서 더 즐거운 여행이 되었다.

유로스타 휠체어석

유로스타 제공식

역시 탁월한 선택이었다. 비행기를 한번 타려면 짐도 부치고 전동 휠체어도 부치고 나는 짐짝처럼 몇 번이나 사람들에게 들려서 옮겨져야 하는데 이러한 수고 없이 내 휠체어에 앉아 그대로 국경을 넘어갔다는 것이 믿어지지가 않을 정도이다.

하기사 우리는 기차로 국경을 넘는다는 것을 상상할 수도 없는 나라에서 살고 있기 때문에 더 그럴 것이다. 다음 여행에는 유레일 패스를 구매하여 기차로 유럽의 여러 나라를 다녀 보는 것도 좋을 것이라는 생각이 많이 들었다.

파리 북역은 파리의 북부지방에 위치하고 있는데 나는 일부러 유로스타에서 내려 멀리 찾아가지 않으려고 파리 일정의 숙소를 북역 근처에 정했다. 북역에 첫 느낌은 런던과는 달리 조금 험악한 느낌이었다. 해가 질 때 즈음이었는데 건장한 남자들이 많이 몰려다니고 뭔가 느낌이 살짝 무서웠다.

파리 지하철
장애인 편의시설 좋지 않아

| 파리 시내버스 100% 저상 버스, 영어로 소통 어려워

　오늘부터는 파리 여행의 이야기를 해 나갈 것인데, 그 전에 파리의 장애인 편의시설에 대해 이야기해 보고자 한다. 일단 파리도 런던과 마찬가지로 휠체어 장애인이 지하철을 이용하는 데에 조금 불편한 상황이다. 일단 매 역마다 엘리베이터가 있지 않다. 그래서 자세히 살펴보지 않고 지하철로 이동할 경우, 목적지에 내려도 지상으로 올라갈 수 없는 경우가 있다.

　그러나 런던과 마찬가지로 파리도 시내버스로 휠체어 장애인이 충분히 이동할 수 있는 곳이다. 모든 시내버스에 휠체어가 탑승할 수 있도록 되어 있다. 또한 승객들과 기사들의 마인드도 매우 좋아서 아주 당연하게 휠체어 승객을 맞이하고 있다.

내가 서울에서 저상 버스를 이용할 경우, 간혹 기사들과 승객들이 당황해하는 모습을 볼 때가 있다. 기사는 휠체어 승객을 태우는 요령에 대해서 교육을 받기는 했으나, 휠체어 손님이 많지 않다 보니 어쩌다 만나는 휠체어 손님으로 인해 당황하는 것 같다. 심지어는 경사로를 내리는 방법이 서툰 기사들도 많이 보았다. 승객들은 휠체어 손님이 탑승하게 되면 생소하기도 하고 어떻게 도와주어야 하나라는 표정으로 약간은 당황한 모습을 보인다. 최소한 런던과 파리에서는 이런 느낌을 받지는 않았다.

개인적인 느낌일지는 모르나, 런던에 비하여 파리 시내버스는 조금 열악한 편이다. 일단 버스도 오래된 것이 많고 승객이 많이 타서 런던 시내버스에 비해 파리 시내버스는 조금 덜 쾌적하다.

전에도 내가 언급했던 것 같은데, 어떤 도시를 여행하게 되면 내가 강추하고 또 내가 늘 하는 것은 시티투어버스를 타는 것이다. 물론 휠체어가 탑승 가능한 것도 많이 있다. 시티투어버스를 타면 그 도시의 주요 관광지를 다 둘러볼 수 있다는 장점이 있다. 마음에 드는 곳에서 내려 둘러본 후, 다음에 오는 시티투어버스를 타고 이동할 수 있으니 낯선 도시를 여행하는 관광객들한테는 아주 유용하다. 일일이 교통편을 찾을 필요도 없고 주요 포인트를 어떻게 찾아가나 고민할 필요도 없으니 말이다. 주로 1일권, 2일권으로 판매되며 가격은 조금 나가는 편이다.

이렇게 첫날 시티투어버스를 통해 둘러본 후, 마음에 드는 곳이 있다면 다음 날부터 하나씩 찾아가며 둘러보는 것을 나는 추천하고 싶다. 이 방법이 왜 좋냐면, 일단 시티투어버스로 둘러보았기 때문에 휠체어로도 구경하는 것이 가능한지를 미리 살펴볼 수 있다는 장점 때문이다.

실제로 나는 여행을 다니다 보면 미리 동영상과 블로그 글을 보았지만 내가 미처 파악하지 못한 현장의 변수로 인해서 구경을 제대로 못하는 경우가 가끔 발생한다. 직접 눈으로 보는 것과 여러 매체를 통해서 그곳 상황을 파악하는 것에는 차이가 있기 때문이다. 특히 우리 휠체어 장애인들은 이 말에 다 동감할 것이다.

파리 여행에서 꼭 알아야 할 것 중에 하나는 영어로 의사소통이 잘 안 된다는 것이다. 런던에서는 편하게 다닐 수 있었는데 파리에 오니 영어를 할 수 있는 사람을 만나는 것이 그리 쉽지 않았다. 나중에써 나가겠지만, 기차역 역무원들과 의사소통이 되지 않아서 나는 고생한 경험이 있다. 하기사 요즘은 번역기가 잘 되니까 그리 곤욕을 치를 일은 없을 것이다. 자, 그럼 다음부터 파리를 둘러보겠다.

휠체어로 파리
개선문–샹젤리제 거리 다니기

앞의 글에서 소개한 대로 나는 파리에 도착한 다음 날, 일단 시티투어버스를 탔다. 파리하면 누구나 들르는 주요 관광지가 있지만 크게 고민하지 않고 한 번에 주요 포인트를 들를 수 있는 좋은 방법 중 하나는 바로 시티투어버스를 이용하는 것이다.

1일권을 구매하여 시티투어버스에 올랐다. 휠체어로 탑승 가능한 버스가 따로 있으니 잘 살피고 탑승해야 한다. 나뿐만 아니라 많은 관광객들이 버스 안을 가득 채웠고 버스는 그들의 이야기 소리로 다소 시끄러웠다.

시티투어버스가 드디어 출발한다. 버스 안에는 오디오 가이드가 있다. 아쉽게도 한국어 설명은 없어서 영어로 대충 들으며 이곳저곳을 구경했다. 얼추 한 노선을 다 돌고 내가 내린 곳은 파리의 상징 개선문이었다.

파리의 개선문

파리

실제로 보니 생각보다 규모가 컸다. 안내문을 보니 높이가 50m이다. 상층부에는 전망대가 있고, 벽면에는 나폴레옹의 전투 장면들이 부조로 새겨져 있다. 나도 다른 사람들처럼 개선문을 배경으로 하여 일단 사진 한 장 찍어 본다.

수많은 전투에서 승리한 나폴레옹이 자신의 업적을 기리기 위해 만든 개선문인데 정작 이 개선문은 그가 죽은 뒤에 완공되었고 나폴레옹은 살아생전에 자신이 계획한 이 위대한 건축물을 보지 못하고 사후 그의 유해가 이 개선문을 통과했다고 한다.

이 이야기를 들으니 당시 전 유럽을 호령하던 나폴레옹도 죽음 앞에서는 힘을 쓰지 못하는 한낱 유약한 인간에 지나지 않았음이 느껴졌다.

여기서 팁! 샹젤리제 거리에서 개선문을 바라보며 사진을 찍는 것이 제일 이쁜데 많은 관광객들이 인생 샷을 찍기 위해 몰리는 곳이니 소매치기를 주의해야 한다. 또 사진을 찍다 보면 좋은 스팟을 찾기 위해 나도 모르게 찻길 안으로 들어가는 경우가 많다. 특별히 안전에 유의하기 바란다.

개선문에서 콩코드 광장까지 이어진 길이 그 유명한 샹젤리제 거리이다. 길이는 약 2km 정도의 대로인데 양쪽 길가로 화려한 명품 숍들이 자리하고 있다. 우리가 명품하면 떠오르는 모든 브랜드가 거기에 다 있다고 생각하면 된다.

　샹젤리제 거리의 가로수 모양이 매우 인상적인데, 마치 이발사가 머리를 깎아 놓은 것처럼 나뭇잎이 사각형으로 되어 있다. 열과 오를 맞춰서 일정하게 깎여져 있는 가로수들을 보면 생소하기도 하고 뭔가 정갈한 느낌이 든다.

　개선문에서 출발하여 콩코드 광장까지 이어진 샹젤리제 거리는 화려한 명품 숍을 보며 갈 수 있는 참 눈요깃거리가 많은 코스이고 약간은 내리막길이어서 걷기도 참 편하고 전동 휠체어로도 매우 편한 길이다.

　반나절 정도 평소 관심 있던 여러 명품 숍을 들르면서 구경도 하고 파리지앵이 된 듯 샹젤리제 거리의 카페에서 우아하게 커피 한잔의 여유를 갖는 것을 추천하고 싶다.

　샹젤리제 거리의 끝은 콩코드 광장인데 정말 많은 버스가 이곳을 정차하기 때문에 파리의 어느 곳을 가든 이곳에서 버스를 타고 갈 수 있다. 나도 파리에서 지낸 4일 동안 콩코드 광장을 거의 매일 갔던 것 같다.

파리의 상징
에펠탑에 오르다

 에펠탑은 1889년 프랑스 혁명 100주년을 맞이하여 개최된 세계 만국박람회를 기념하기 위해 제작된 건축물이다. 그런데 당시만 해도 모든 사람들이 사랑하는 이 건축물이 도시의 미관을 훼손한다는 이유로 "흉물스러운 철조물!"이라는 지탄을 받았다고 한다. 그래서 실제로 당시에는 철거해야 한다는 목소리도 많았다고 하니 참 격세지감을 느낀다.

 에펠탑은 높이가 324m로 일반 건물로 치면 대략 80층 높이라고 한다. 총 3개 층으로 구성되어 있고 일반 관광객들에게는 첫째와 두 번째 층만 개방되어 있다. 물론 엘리베이터로 올라가는데 휠체어로도 올라갈 수 있다. 올라가려는 사람들의 줄이 상당히 길다. 시간을 넉넉히 잡고 가는 것이 좋을 것이다.

 아쉽게도 휠체어로는 첫 번째 층밖에 올라갈 수 없다. 두 번째 층을 올라가려면 일부 계단을 이용해야 하기 때문이다. 첫 번째 층에 오르면 꽤 넓은 공간이 나온다. 그 안에는 카페와 기념품 숍이 자리하고 있다.

그 주위로 360도 돌면서 파리 시내를 내려다볼 수 있다. 내가 올라가서 직접 보니 파리라는 도시는 서울과 같지 않고 거의 평지로 되어 있다. 동서남북 사방을 돌아가면서 내려다볼 수 있기에 에펠탑에 오르면 파리를 한눈에 볼 수 있다.

여기서 중요한 팁 하나! 에펠탑에 오르면 생각보다 바람이 많이 분다. 내가 찾아간 날이 유난히 그랬을 수 있지만 바람이 생각보다 세니 바람막이 점퍼를 꼭 챙기기 바란다. 그 위에서 사진을 찍을 때도 모자나 스카프가 날아가지 않도록 주의하기 바란다.

에펠탑을 한 바퀴 돌며 구경하고 있는데 한국인 관광객들을 만났다. 그들은 단체여행으로 왔는지 한 명의 인솔자를 따라서 둘러보고 있었다. 나는 한국 사람을 만나 반가움에 그들의 곁으로 다가갔다.

그들의 곁에서 인솔자의 설명을 듣고 있으니 너무 재미있는 것이다. 나는 개인 여행이기 때문에 가이드도 없고 설명해 주는 사람도 없어서 자유롭기는 하나 현지 지식에 대해 아는 것이 검색한 것 뿐이라 아쉬움이 많이 있었는데 이 인솔자의 설명이 마치 어릴 적 옛날이야기 듣는 것처럼 참 흥미로웠다.

에펠탑 앞에서

세느강 건너편에서 보이는 에펠탑

에펠탑 야경

에펠탑에서 내려다보는 파리는 너무나 평온하고 낭만적이었다. 파리를 가로지르는 세느강을 따라 유람선이 유유히 떠다니고 곳곳에 보이는 궁전들은 마치 내가 200년 전으로 돌아온 것 같은 착각을 불러일으킨다.

한참을 둘러보고 날씨도 쌀쌀하고 해서 카페에 앉아 따뜻한 카페라떼 한잔을 하며 파리 시내를 멍하니 내려다보았다. 왜 많은 유럽의 화가와 음악가들이 파리에서 공부를 하고 싶었으며 그들이 천재적인 영감을 여기서 얻었는지 어렴풋이 알 것 같았다.

에펠탑을 내려와서 나는 세느강변을 거닐었다. 세느강은 세계적으로 유명한 강인데 실제로 보면 강폭도 좁고 매우 작은 강이다. 나는 한강에 익숙해서인지 모르겠지만 규모가 작은 것이 조금은 생소했다. 그런데 한편으로 생각하면 한강처럼 큰 강이 아니기에 더 로멘틱한 게 아닌가 싶다.

휠체어로도 자유롭게 세느강변을 거닐 수 있게 되어 있고 유모차와 강아지를 동반한 파리 시민들이 달콤한 휴식을 누리고 있었다. 어느덧 해가 지려고 한다. 노을과 에펠탑의 야경을 볼 수 있는 시간이 다가오고 있다.

전동 휠체어로
루브르박물관을 가다 ①

| 휠체어 장애인 먼저 입장하도록 안내
| 모나리자 앞에서 충분히 관람하도록 배려

　오늘은 아침 일찍 호텔에서 조식을 먹고 내가 어렸을 때부터 꿈에 그리던 루브르박물관으로 향했다. 중학교 때로 기억하는데 어디 잡지에 소개된 루브르박물관을 보면서 정말 가고 싶다는 간절한 생각을 했었다. 이번 유럽 여행은 그 꿈을 이루는 여행이다. 며칠 전에 런던의 대영박물관을 다녀왔으니 이번에는 루브르박물관 차례이다.

　루브르박물관은 우리가 아는 것처럼 뉴욕의 메트로폴리탄 미술관, 런던의 대영박물관과 함께 세계 3대 박물관으로 꼽힌다. 루브르박물관은 루브르 궁전 내부에 위치하고 있다. 루브르 궁전은 왕실의 궁전으로 사용되다가 1672년 루이 14세가 베르사유 궁전으로 거주지를 옮기면서 왕실의 수집품을 전시하기 위한 장소로 변했

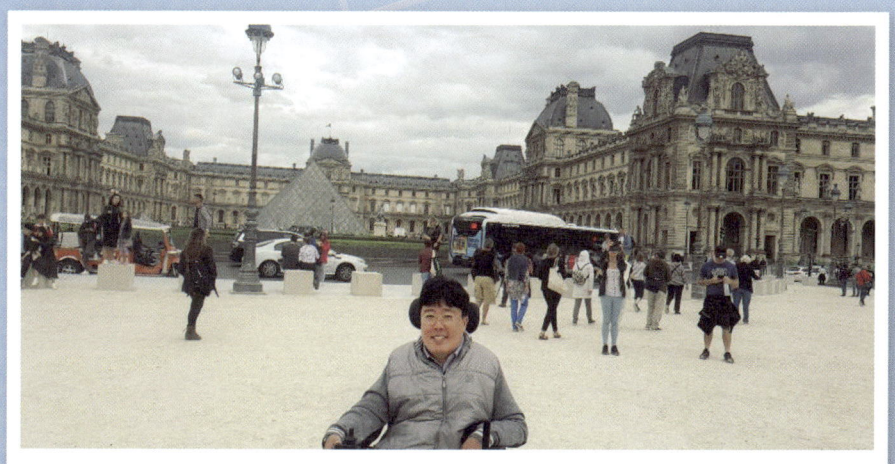

루브르박물관

다고 한다.

　우리가 루브르박물관 하면 가장 먼저 생각나는 것이 바로 루브르 피라미드이다. 유리로 된 거대한 피라미드가 루브르박물관을 찾는 모든 사람을 양팔 벌려 맞이하고 있다. 이 피라미드가 루브르박물관 입구이다.

　세계적인 박물관이라는 이름에 걸맞게 정말 많은 사람들이 아침부터 입장하려고 긴 줄을 서고 있다. 나도 다른 사람들과 함께 줄을 서려고 하는데 저 앞에서 직원이 나를 부른다. 그리고 친절하게 다른 출입구를 통하여 먼저 입장할 수 있도록 도와준다.

　여기서 중요한 팁! 휠체어 이용 장애인들은 입장할 때 줄을 서지 말고 직원을 부르는 것이 좋을 것이다. 그들이 알아서 우리 휠체어 장애인들을 먼저 입장할 수 있도록 안내해 줄 것이다. 물론 여기도 장애인과 동반 1인까지 무료이다. 입장권은 약 40,000원 정도 한다.

　직원의 안내를 받아 박물관 내부로 들어간 후 나는 먼저 오디오 가이드를 받았다. 한국어 서비스도 지원되니 반드시 오디오 가이드를 받아서 설명을 듣기를 추천한다. 설명을 듣다 보면 우리가 몰랐던 많은 것들을 알게 되어서 상당한 도움이 된다.

　루브르박물관 하면 가장 인기 있는 작품은 16세기 르네상스 시대의 대표 화가 레오나르도 다빈치의 '모나리자'이다. 여기는 루브르 박물관 관람 순서에서 첫 부분에 위치하고 있기 때문에 정말 많은 사람들이 줄을 서 있다. 그러나 걱정할 필요가 없다. 휠체어 이용 장애인들은 직원이 알아서 안내해 주고 제일 좋은 자리에서 모나리자를 감상할 수 있도록 배려해 준다.

사람들이 줄을 많이 서고 있기 때문에 보통 20명 정도씩 그룹을 지어 30초 정도의 관람 시간을 주며 30초가 지나면 다음 그룹 사람들이 모나리자 작품 앞에 설 수 있도록 안내를 한다. 그러나 나는 시간 제약 없이 얼마든지 구경하라고 제일 좋은 자리를 직원이 안내해 주었다. 런던과 파리의 박물관을 다니면서 느낀 건데 직원들이 휠체어를 타고 있는 나를 발견할 수 있도록 어필하는 것이 중요하다. 그들이 나를 발견한다면 그다음은 알아서 그들이 휠체어 장애인들을 안내해 줄 것이다.

모나리자

전동 휠체어로
루브르박물관을 가다 ②

유명 작품을 놓치지 않도록 관람 동선 짜야
엘리베이터가 관람 동선과 안 맞기에 주의 요망

루브르박물관 안에는 우리가 백과사전에서나 보던 세계적인 작품들이 전시되어 있다. 그중에 몇 가지만 소개해 보자면 이렇다.

먼저 '밀로의 비너스'이다. 가장 아름다운 여인의 신체 비율로 유명한 비너스는 지금의 그리스 연안의 밀로라는 섬에서 발견되어 밀로의 비너스라 불린다. 근데 나는 이 비너스를 보면서 뇌리에 박혀 있는 한 노래 '사랑의 비너스'가 떠올랐다.

이 작품의 유명세에 걸맞게 정말 많은 사람들이 앞에서 사진을 찍으려고 장사진을 치고 있다. 나도 사람을 피해서 겨우 한 컷을 찍었다. 실제로 이 비너스 상을 보면 2m 정도의 아주 큰 조형물이다. 많

비너스 상

은 고고학자들은 비너스의 팔이 잘린 것을 매우 아쉬워하며 도대체 원형은 어떤 모습이었을까 상상력을 펼치기도 한다.

그다음으로 소개할 것은 '사모트라케의 니케'이다. 이 날개 잘린 승리의 여신 니케에서 세계적인 스포츠 메이커 나이키 로고가 나온 것이다. 날개가 잘린 것이 참 인상적이고 도대체 원형은 어떤 모습이었을까 보는 사람으로 하여금 상상력을 자극한다. 이 작품은 계단으로 내려오다 한쪽 구석에 있기 때문에 관람을 놓칠 수가 있다.

박물관 입구에서 나눠 주는 전시 작품 안내도를 꼼꼼이 살펴보면서 관람하는 것이 중요하다. 이곳은 매우 넓고 많은 작품이 있기 때문에 자칫 정말 중요한 작품을 못 보고 지나갈 수도 있다.

나는 개인적으로 이곳에서 큰 감동을 받은 것은 바로 메소포타미아 문명의 작품들이다. 아쉽게도 내가 찍은 사진이 별로 없어서 아쉬운데, 메소포타미아 문명의 수메르, 앗시리아 국가들의 유물들이 정말 많이 전시되어 있다. 그곳에 서 있으면 마치 내가 수천 년 전 메소포타미아 땅을 밟고 있는 듯한 착각이 들 정도이다.

그리고 빼놓을 수 없는 것은 이곳에 무려 4천 년 전의 '함무라비법전'이 있다는 것이다. 현존하는 제일 오래된 성문법으로 알려진 이 법전에는 남에게 상해를 입히면 그대로 갚아야 한다는 형법이 강조되어 있는 것으로 유명하다.

루브르박물관 내부 천장

루브르에서 만난 네덜란드 장애인

루브르박물관

여기서 팁 하나 드리자면, 루브르박물관에는 엘리베이터가 설치되어 있지만 한쪽 구석에 치우쳐져 있기 때문에 우리가 들고 있는 관람 안내도 대로 관람할 수 없다는 것이 참 아쉽다.

관람 안내도는 걸으면서 관람하는 사람들에게 최적화되어 있고 우리 휠체어 장애인들은 층을 옮길 때마다 관람 동선과 상관 없이 다시 되돌아가서 엘리베이터를 타고 층간 이동을 해야 한다.

그렇기 때문에 층을 이동하는 순간 나는 이미 안내도와는 다른 방향에 있게 되어서 관람 동선을 잡기가 그리 쉽지 않다. 내가 경험한 결과 자꾸 관람한 곳을 다시 가게 되는 일이 벌어진다.

그것은 관람 동선 순서에 맞게 엘리베이터가 없기 때문에 일어난 일인데 이곳은 옛날 궁전으로 쓰였던 곳이라 엘리베이터를 설치하는 데도 한계가 있어서 생기는 일 같다. 이 점을 휠체어 장애인들은 주의해 주기 바란다.

한나절 관람을 마치고 밖으로 나왔는데 휠체어를 탄 낯선 서양 여인이 나에게 인사를 건넨다. 나도 인사를 나누면서 이야기를 나눠 보니 네덜란드에서 온 근육장애인이고 친구들과 함께 프랑스 파리 여행을 왔다고 한다. 짧은 대화였지만 같은 중증장애인으로서 파리 여행을 한다는 동질감으로 아주 반갑게 이야기를 나눴다.

카루젤 개선문

루브르박물관은 궁전을 박물관으로 만든 것에 걸맞게 그 규모가 엄청 크다. 하루에 이것들을 다 보겠다고 마음을 먹는다면 아주 큰 오산이다. 나는 일정이 빠듯해서 하루 종일 관람하는 것으로 만족해야 했지만 이곳을 방문하고자 계획하는 사람들이 있다면 최소한 이틀, 조금 여유가 있다면 3일 정도는 매일 출근하여 관람할 것을 추천한다.

우리 휠체어 장애인이 파리 여행을 자주 갈 수도 없고 이왕 간 김에 찬찬히 관람하는 것이 좋을 것 같다. 그렇지 않으면 나처럼 이렇게 두고두고 후회가 남을 것이다.

전동 휠체어로
오르세 미술관을 가다

| 기차역을 미술관으로 개조
| 마네, 모네, 고흐, 고갱 등의 작품 가득

　파리 세느강변에 위치한 오르세 미술관은 19세기 유명 작가들의 작품으로 가득하다. 세느강을 거닐다가 찾아갈 수 있는 좋은 위치에 있고 우리가 영화로 익숙히 알고 있는 퐁네프 다리가 근처에 있다.

　오르세 미술관은 원래 기차역이었다고 한다. 그 말을 듣고 미술관 내부를 보면 기차역이었음을 짐작할 수 있다. 기차가 드나들던 자리를 세계적인 미술관으로 만든 프랑스의 문화가 부러울 뿐이다. 이제는 승객을 태운 기차는 다니지 않지만 수많은 관람객들에게 예술의 혼을 실어 나르는 것이 아닌가 싶다.

　미술관에 들어가자마자 꼭 해야 할 일은 오디오 가이드를 대여하

오르세 미술관

는 것이다. 내가 그곳에 방문할 때(2019년 9월)에는 대한항공이 오디오 가이드 한국어 서비스를 협찬한다고 하여 괜히 뿌듯함을 느끼기도 했다.

이곳은 아주 유명한 포토존이 있는데 5층에 위치한 시계탑이다. 정확히 말하면 외부에서 보이는 기차역사(원래 기차역이었으니까) 시계탑인데 미술관 꼭대기에 올라오면 그 시계탑 시계의 안 모습을 배경으로 사진을 찍을 수 있는 것이다. 얼마나 사람들이 많이 줄을 서 있는지 말도 못한다. 그래도 이곳이 포토존이니 놓치지 않기를 바란다.

오르세 미술관에는 정말 명화로 가득한데 특히 인상주의 화가들의 작품이 눈에 띈다. 마네, 모네, 르누아르, 고흐, 고갱 등 우리가 교과서나 백과사전에서나 보던 작품들이 전시되어 있어 나는 개인적으로 이런 작품들을 내 눈으로 보고 있다는 것이 꿈같이 느껴질 정도였다.

관람 팁을 주자면 오르세 미술관은 맨 윗층부터 관람할 것을 추천한다. 관람하면서 한층씩 내려오는 식으로 말이다. 또 이곳도 오후 5시면 폐관하기 때문에 서둘러서 입장하기를 바란다. 먼저 5층에 위치한 고흐 작품을 보러 올라갔다. 입을 다물 수가 없었다. 이런 작품들을 소장하고 있는 오르세 미술관이 사랑스럽게 느껴지기까지 했다.

마네의 올랭피아　　　　　　　마네의 피리 부는 소년　　　　　　　밀레의 이삭 줍는 여인들

3. 유럽　209

당연히 엘리베이터가 있기 때문에 휠체어 장애인들도 편히 관람할 수가 있다. 내가 갔을 때에는 단체로 한국 초등학생들이 관람하고 있었다. 유명 작품 앞에서 지도 선생님의 설명을 귀 기울여 듣고 있던 아이들의 모습이 지금도 떠오른다. 그 아이들을 보면서, 미술 작품을 보지도 못했으면서 작품과 작가, 연대를 단순히 외우기만 했던 내 학창 시절이 문득 생각났다. 이 아이들처럼 직접 와서 명화를 관람하지 못하더라도 사진으로 찍은 것이라도 보면서 작품명과 작가를 외웠으면 좋았을 텐데… 그래도 주입식 교육에 선영향이라 할까, 명화를 내 눈에 담을 때마다 학창 시절에 외웠던 작품명과 작가가 떠오르는 것을 보면서 나는 적잖게 놀랐다.

오르세 미술관을 방문한다면 오전에 오기를 바란다. 생각보다 시간이 꽤 많이 걸린다. 오전에 와서 한 차례 관람하고 미술관에서 엘레강스하게 커피와 크로와상으로 점심 식사를 하고 오후에 마저 관람한다면 얼추 다 볼 수 있을 것이다.

전동 휠체어로
몽마르트르 언덕을 오르다

| 몽마르트르 언덕의 사크레쾨르 앞은 파리의 뷰 맛집
| 화재로 종탑을 잃은 노트르담 대성당

 오늘은 여유롭게 파리지앵처럼 숙소 앞 로컬 빵집에서 바게트를 사서 몽마르트르 언덕을 올라간다. 흔히 파리 하면 에펠탑과 함께 먼저 떠오르는 것이 몽마르트르 언덕일 것이다. 웬지 몽마르트르 언덕이라고 하면 파리의 모든 감성을 다 안고 있는 듯한 장도로 여겨지는 것이 일반적일 것이다. 나 또한 그 일반적인 생각을 따라 이번 여행에서 빼놓지 않고 찾아야 할 곳으로 몽마르트르를 정했다.

 몽마르트르는 '순교자의 언덕'이라는 뜻이라고 한다. 시내버스에서 내려 구글지도를 따라 몽마르트르 방향으로 올라가다 보면 우리가 생각하는 언덕은 보이지 않고 골목으로 이어지는 작은 언덕길이 보인다. 그 주변에는 여러 기념품들을 파는 가게들과 카페들이 들어서 있다. 이게 언덕인가 싶게 아주 평범한 거리에 지나지 않는다. 그러나 걱정할 것이 없다. 거리로 봐서는 우리가 생각하고 있는 몽마르트르 언덕을 오르는 길처럼 보이진 않지만 사람들이 우르르 올라가고 있기 때문에 길을 잘못 찾은 것은 아니다 라는 느낌을 누구나 충분히 받을 수 있다.

조금 오르다 보면 웅장하게 우리를 반기는 사크레쾨르 성당이 보일 것이다. 규모가 상당히 크고 백색의 건물이 정오의 태양을 받아 유난히 밝게 빛나고 있었다. 이 성당 앞 계단은 전 세계에서 모인 관광객들로 가득 차 있다. 정말 다양한 생김새의 사람들이 정오의 햇볕을 받으며 준비해 온 커피와 간식을 한가롭게 즐기고 있다.

이 성당 앞에서 내려다보면 파리 시내가 한눈에 보인다. 에펠탑을 소개할 때도 내가 언급한 적이 있는데 파리는 우리의 서울과 달리 거의 평지로 이루어져 있기 때문에 높은 곳에 오르면 정말 파리 시내가 내 눈앞에 펼쳐진다.

나는 빵집에서 구입한 바게트와 따뜻한 아메리카노 한잔을 유난히 눈부신 파리의 정오 햇살을 맞으며 브런치를 즐겼다. 그런데 겉으로 보기에는 그럴싸한데 사실 바게트 빵이 너무 딱딱해서 하마터면 잇몸을 찢길 뻔했다. 그곳의 관광객 중에 한국인 아가씨들이 있어 서로 사진을 찍어 주고 약간의 대화를 나누었다. 그들을 보면서 드는 생각이 나는 왜 젊었을 때 해외여행을 하지 않았을까였다. 하

몽마르트르 언덕과 바게트

기사 90년대 초에는 지금처럼 자유롭게 해외여행을 다니던 시절은 아니었으니까….

몽마르트르 언덕은 실제로 가 보면 조금 실망스럽기는 하다. 너무 기대를 많이 해서일까… 몽마르트르 주변에 유난히 초상화를 그려 주는 화가들이 많다. 시간적인 여유가 된다면 자신의 초상화를 그려 보는 것도 좋을 것이다.

나는 시내버스를 타고 파리 중심부로 향한다. 어릴 때 읽었던 '노트르담의 곱추'의 배경이 되었던 노트르담 대성당을 찾았다. 아쉽게도 2019년에 일어난 화재로 인해 노트르담의 상징인 두 개의 종탑은 사라지고 없었다. 예전에 우리 숭례문이 화재로 인해 소실되었을 때도 참 마음이 아팠는데 노트르담도 그런 처지가 되었다니 마음 한 구석이 아려 왔다. 전과 같은 위용을 자랑하진 못했지만 마음속으로 두 개의 종탑이 있는 것으로 상상하며 노트르담 대성당을 한동안 바라보았다. 정말 어렸을 때인데 명화극장에서 보여 주던 영화 '노트르담의 곱추'의 주인공 안소니 퀸의 모습이 보이는 듯도 했다. 어린 내 눈에는 그가 매우 험상궂고 무섭게 보였던 기억이 있다.

노트르담 대성당은 세느강변에 위치하고 있다. 화재사건이 아니었다면 입장하여 관람했을 텐데 아쉽지만 그것은 다음 기회로 넘기고 나는 세느강변의 카페에 앉아 피자와 커피를 즐기며 불타 없어진 노트르담 대성당을 한참 쳐다보았다. 유럽을 여행하면서 가장 큰 인상

몽마르트르 언덕길

몽마르트르 언덕의 사크레쾨르 성당

화재가 난 노트르담 성당

을 받은 것은 유럽의 카페와 식당은 유독 야외 좌석이 많고 손님들의 앉는 모습도 다들 길가를 바라보면서 앉는 것이다. 둘이 왔다면 우리처럼 서로 마주 보며 앉는 것이 아니라 둘이 나란히 앉아 거리를 바라보며 앉는다. 처음엔 이상했는데 나도 며칠 동안 그렇게 앉아 보니 생각보다 좋았다.

프랑스 절대왕정의 상징
베르사유 궁전

 이번 파리 여행을 계획하면서 나는 꼭 베르사유 궁전을 가고 싶었다. 그런데 베르사유 궁전은 파리에서 약 1시간 정도 떨어진 교외에 위치하고 있고 거기까지는 교통편이 휠체어로도 이용할 수 있게 잘 되어 있는지 알 수도 없는 상황이라 많이 고민했다. 검색을 해 보니 파리 북역에서 기차를 타면 갈 수 있다는 정보를 얻은 나는 그래도 여기가 파리인데 휠체어는 탈 수 있겠지 하는 믿음을 갖고 당차게 역으로 향했다.

 역에 도착해서 역무원한테 문의를 하려고 하는데 영어를 할 줄 아는 사람을 만나기가 매우 힘들었다. 겨우 한 사람을 만나 물어보니 휠체어가 탈 수 있는 열차가 이번에는 없고 다음 열차를 타야 한다는 것이다. 1시간 정도 기다려야 하는데 나는 베르사유 궁전을 갈 수 있다면 1시간 기다리는 것은 아무것도 아니었다.

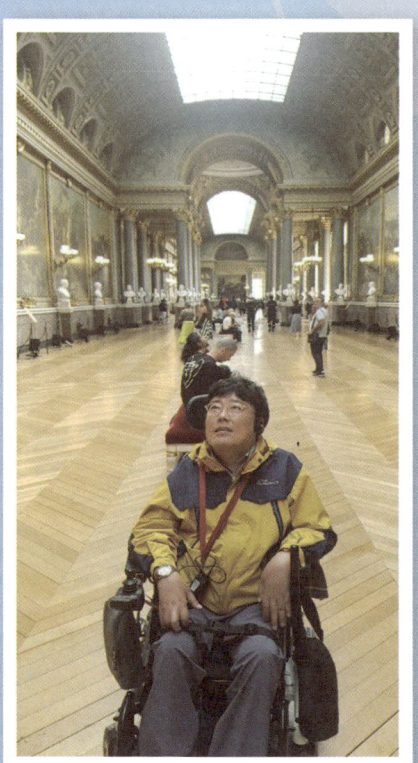
베르사유 궁전

베르사유 궁전의 극장

3. 유럽

기다리던 열차 차가 와서 탑승하려고 하는데 이게 웬일인가? 열차와 승강장 사이가 꽤 벌어져 있었다. 한국 같았으면 역무원을 불러서 경사로를 깔아 달라고 요구를 했을 텐데 열차가 금방 출발할 것 같으니 시간도 없고 용기를 내서 열차에 올라 보았다. 오를 때 덜컹하면서 조금 자세가 흔들리긴 했으나 열차에 탈 수 있었다.

열차가 출발한 지 40분 정도 되었나, 금방 열차는 베르사유에 도착했다. 어제 구글맵으로 검색한 대로 여기에서 버스를 타고 베르사유 궁전까지 갔다. 다행히 버스는 저상 버스로 휠체어가 타기 편리하게 되어 있었다. 버스에서 내리니 내가 컴퓨터 바탕화면에서나 보던 베르사유 궁전이 나를 맞이해 주었다.

여기도 대영박물관과 루브르박물관처럼 모든 소지품을 내려놓고 검색대를 통과해야 하니 불필요한 가방을 가지고 가지 않는 것이 중요하다. 물론 여기도 휠체어 장애인과 동반 1인까지는 무료입장이다. 그러니 해외여행을 할 때 영문 장애인 증명서를 꼭 지참하기 바란다. 사실 나는 이번 유럽 여행에서는 영문 장애인 증명서를 준비해 가지 못했다. 그러나 나는 전동 휠체어를 타고 있어 직원들이 알아서 무료입장을 도와준다. 그러나 엄격하게 따지는 직원도 있을 수 있으니 영문 장애인 증명서를 꼭 지참하자.

베르사유 궁전은 루이 13세가 여름 사냥용 별장으로 만들었으나 그의 아들 루이 14세가 귀족을 견제하고 왕권을 강화하기 위하여

베르사유 궁전 내부

거울의 방

왕비의 침실

베르사유 궁전을 확장했다고 한다. 실제로 그는 나중에는 파리의 궁전을 버리고 궁전을 이리로 옮기기도 했다.

"짐이 곧 국가다."라는 절대왕정의 상징인 루이 14세는 베르사유 궁전을 너무나 사랑했다. 이곳에 엄청난 공을 드렸으며 그가 사랑했던 왕비 마리 앙투아네트를 위에 당시 온갖 사치로운 것으로 이 궁전을 가득 채웠다. 베르사유 궁전 정문 앞에는 위풍당당한 루이 14세 금상이 전 세계의 관광객을 맞이하고 있다. 달도 차면 기운다고 했던가. 그렇게 기세가 등등했던 프랑스 왕권은 무너지고 1789년 프랑스 혁명으로 왕정이 무너진 후에는 이 궁전은 국가의 소유가 되었다.

베르사유 궁전하면 가장 먼저 떠오르는 것이 '거울의 방'이다. 정말 화려한 거울로 벽이 장식되어 있고 천장에는 당시 최고의 사치품인 샹들리에가 화려하게 매달려 있다.

거울의 방에 들어서는 순간 300년 전에 화려한 프랑스 왕정이 보이는 듯하다. 거울의 방은 역사적으로도 참 의미 있는 장소인 게, 1919년 1차 세계대전 종전을 알리는 베르사유조약이 바로 이곳에서 체결되었다.

이곳에서 우리가 눈여겨보아야 할 장소는 바로 왕과 왕비의 침실이다. 당시 화려함의 끝을 볼 수 있는 온갖 아름다운 장식이 왕비의

베르사유 궁전 전경

베르사유 정원

베르사유 정원

침실에 있기 때문이다. 꼭 누워 보고 싶은 동화 속 왕비가 사용할 것 같은 침대, 그리고 지금 봐도 어색하지 않은 가구들, 그리고 침실 벽면과 천장에는 당대 최고의 화가들이 그린 그림들로 장식되어 있다. 직접 가서 보니 왕의 침실보다 왕비의 침실이 더 화려하고 아름다웠다. 그밖에 왕자와 공주의 침실도 있으니 천천히 관람하기 바란다.

내가 베르사유 궁전을 관람하면서 깜짝 놀란 곳이 있는데 바로 궁전 안에 오페라 극장이 있다는 것이다. 왕과 귀족들이 오페라와 연주회를 관람할 수 있도록 상당히 큰 규모의 극장이 그 안에 있었다. 그러니 루이 14세는 파리로 갈 필요가 없었다. 이곳에서 왕의 업무를 보고 모든 문화생활을 누릴 수 있었기 때문이다.

그리고 마지막으로 빼놓을 수 없는 것은 베르사유 정원이다. 이것이야말로 컴퓨터 바탕화면으로 많이 나오는 곳인데 좌우대칭이고 질서정연하게 꾸며진 정원은 여의도 넓이의 10배 정도 된다고 한다. 나는 다 둘러보지 못하고 일부만 관람하였는데도 깨끗하게 정돈되어 있는 조경이 마음에 쏙 들었다. 이 안에 조각, 분수, 운하도 있어 관광객들의 마음을 사로잡는 데 충분하다.

바르셀로나를
찾은 이유

　90년대 초 대학 때로 기억하는데 당시 친한 친구가 가우디의 사그라다 파밀리아성당 사진을 보여 주면서 이 성당은 천재 건축가 가우디가 설계했고 100년 넘게 지금까지도 지어지고 있다고 설명했다. 그때까지 나는 가우디란 이름을 몰랐다. 단지 100년 넘게 짓고 있다는 말이 신기해서 그 성당 사진을 유심히 바라보았다. 이내 이름도 지금 처음 들은 가우디는 내 마음을 사로잡았다. 그리고 어렴풋이 언젠가 이 성당을 직접 가 봐야겠다는 생각을 했다. 그렇게 막연하게 했던 생각이 이제는 전동 휠체어를 타고 다녀야 하는 사지마비장애인이 된 내가 직접 바르셀로나에 오게 된 것이다.

　이번 서부 유럽 여행은 전에도 언급했지만 내가 동경하던 박물관을 투어하는 것이 목표이다. 런던에서는 대영박물관과 내셔널 갤러리, 파리에서는 루브르박물관과 오르세 미술관을 둘러보았고, 바르셀로나는 도시 자체가 천재 건축가 가우디의 박물관이라고 해도 과언이 아니기에 이곳을 오지 않을 수 없었다.

　파리에서 바르셀로나로 가기 위해 나는 항공편을 택했다. 항공사는 에어프랑스였고 걱정과는 달리 국내 항공사 직원보다는 덜 하지만 나름 친절한 안내를 받으며 나와 전동 휠체어는 1시간 반만에 바르셀로나 공항에 도착했다.

바르셀로나 공항에서
시내 들어가기

　바르셀로나 공항에서 시내 들어가는 방법은 택시, 버스, 지하철 등이 있으나 우리 전동 휠체어 장애인들은 지하철로 시내를 들어가는 것이 매우 편리하다.

　공항에서 지하철 타는 곳까지 엘리베이터로 내려오니 티켓을 파는 창구가 보였다. 그러나 직원은 없어서 티켓 판매기에서 직접 구매를 해야 했다. 먼저 다른 여행객들이 어떻게 티켓을 구매하나 유심히 살핀 후 용기를 내어 티켓 판매기 앞으로 갔다. 다행히 영어로 버전을 바꿀 수 있기에 시내로 들어가는 티켓을 구매할 수 있었다. 공항에서 시내로 들어가는 티켓은 시내에서 타고 다니는 티켓과는 값도 다르고 모든 것이 다르니 유의해야 한다.

　여기서 중요 팁! 바르셀로나 지하철에는 모든 역에 엘리베이터가 있는 것이 아니다. 그러니 지하철 노선도에 휠체어 표시가 되어 있

바르셀로나

는 것을 확인하고 이동해야 한다. 내 목적지 역에 엘리베이터가 없다면 그 전 역이나 다음 역에서 내려 걸어서 이동해야 한다. 엘리베이터가 있는 역이라고 해도 주의할 것이 승강장 모든 구간에서 열차에 오를 수 있는 것이 아니다. 주로 진행 방향으로 앞부분에 승강장이 마치 과속방지턱처럼 불룩 올라와 있다. 그곳에서만 열차와 승강장의 높이 차이가 없어 안전하게 승하차할 수 있다.

지하철을 한 번 갈아타고 숙소가 있는 산츠까지 나는 무사히 도착했다. 숙소는 생각보다 깨끗했고 특히 식당에 있던 중년의 남자 직원 마테오는 내게 유난히 친절했다. 바르셀로나에서 5일간 머물면서 나는 거의 매일 저녁을 호텔 식당에서 메뉴를 바꿔 가며 먹었다. 가격도 그렇게 비싸지 않고 꽤 훌륭하게 식사가 나왔다. 특히 이 호텔은 동네 공원이 바로 앞에 있어서 야외 테이블에서 식사하게 되면 동네 사람들이 산책을 하는 모습을 자연스럽게 볼 수 있어 내가 마치 바르셀로나 현지인인 것 같은 느낌을 들게 한다.

전원주택단지로 만들어진
구엘공원

천재 건축가 가우디에게는 구엘이란 엄청난 재력을 가진 친구가 있었다. 그의 후원이 아니었다면 가우디는 이렇게 바르셀로나를 바꿔 놓지 못했을 것이다. 사실 가우디 작품은 당시 너무 혁신적이어서 그렇게 사랑을 받지 못했다고 한다. 그런 가우디의 진가를 알아본 구엘이 있었기에 아마 그는 마음 놓고 자신의 작품 세계를 펼쳤을 것이다. 바르셀로나 곳곳에 있는 가우디 작품을 보기 위해 전 세계에서 수많은 관광객들이 이곳을 찾는데 구엘이 없었다면 지금의 바르셀로나도 없었을 것이다.

이 구엘의 이름을 딴 것이 구엘공원인데 사실 당시 부유층의 전원주택단지로 만들어졌다고 한다. 그러나 바르셀로나 중심가에서 너무 멀리 떨어져 있어서 당시에는 분양이 잘 되지 않았다고 한다. 이후 바르셀로나 시에서 매입을 하고 시민을 위한 공원으로 만들어지게 되었다.

구엘공원에서 보이는 바르셀로나 바다

3. 유럽 233

구엘공원 전망대

구엘공원 입장료는 18유로이고 한화로는 25,000원 정도이다. 물론 장애인은 영문 장애인 증명서를 제출하면 무료입장할 수 있다. 여기서 중요한 것이 워낙 많은 단체 관광객들이 오기 때문에 일찍 입장이 막힐 수가 있다. 동시에 들어갈 수 있는 인원을 제한하고 있고 오후 3시면 문을 닫기 때문에 일찍 서둘러야 한다. 사실 나는 첫 번째 방문했을 때는 막 오후 3시가 넘었기에 그냥 돌아올 수밖에 없었고, 이튿날 다시 구엘공원을 찾아갔다. 런던 이야기를 할 때도 내가 언급했듯이 유럽의 박물관과 관광지는 생각보다 일찍 문을 닫는 경우가 많으니 관람 시간을 확인하고 찾아가야 한다.

구엘공원은 산을 깎아서 만들었기 때문에 경사진 구간이 매우 많다. 그리고 부분적으로는 꽤 경사가 급한 곳도 있으니 우리 전동 휠체어 장애인들은 안전벨트를 꼭 착용하고 다녀야 한다. 공원 숲속의 새소리를 들으며 공원을 둘러보면 마음이 평안해지고 기분이 상쾌해지는 느낌을 받을 수 있을 것이다.

구엘공원 출구 양쪽에는 마치 헨젤과 그레텔에 나오는 듯한 동화 속의 집이 있다. 현재는 그곳에서 각종 기념품을 판매하고 있는데 가우디는 이 전원주택단지 경비원들 가족 숙소로 만들었다고 한다. 집이 너무 이뻐서 동화 속에 나오는 집 같은 곳에서 사는 느낌은 어떨까 라는 생각을 잠시했다.

구엘공원에 왔으면 이곳의 시그니처인 도마뱀을 꼭 보아야 한다.

구엘공원

신기한 기둥 벽이 있는 길

그리고 이 도마뱀과 사진을 꼭 찍어야 한다. 비장애인들은 그냥 계단으로 쭉 올라가면 바로 도마뱀 앞으로 갈 수 있는데 휠체어는 옆으로 빙 돌아서 올라가야 한다. 이 코스를 찾는 것이 생각보다 어렵다. 나도 한 번은 실패했고 직원들에게 물어서 도마뱀까지 갈 수 있었다. 중요 팁! 휠체어로 도마뱀까지 가려면 도마뱀이 보이는 계단을 바라보면서 왼쪽으로 올라가야 한다.

구엘공원 도마뱀

도마뱀과 사진을 찍었으면 구엘공원 전망대까지 올라가야 한다. 역시 돌고 돌아서 가야 하지만 휠체어로도 가능하니 천천히 올라가 보기를 추천한다. 전망대에 도착하면 바르셀로나 시내는 물론 바르셀로나 앞바다까지 한눈에 내려다보인다. 10년 묵은 체증이 내려갈 듯이 가슴이 뻥 뚫린다.

140년 넘게 짓고 있는
사그라다 파밀리아

바르셀로나에는 가우디의 작품이 많이 있지만 그중 백미는 누가 뭐래도 사그라다 파밀리아 성당이다. 가우디는 1883년 이 성당을 설계하고 착공했다고 한다. 그런데 아직까지 완공하지 못했고, 2026년 완공을 목표로 지금도 계속 지어지고 있다. 140년 넘게 계속 짓고 있다는 이 사실만으로도 전 세계의 사람들을 사그라다 파밀리아 성당으로 끌어들이기에 충분한 것 같다.

입장료는 26유로, 한화로는 약 35,000원이 넘는다. 여기도 영문 장애인 증명서를 가지고 가면 장애인과 동반 1인까지 무료입장이 가능하다.

대영박물관과 루브르박물관이 그랬듯이 사그라다 파밀리아를 입장할 때도 공항 같은 검색대를 지나야 한다. 가지고 있는 소지품과 가방을 다 검색대에 통과시켜야 하니 불필요한 가방을 가지고 가지 않는 것이 좋다.

 다소 번거로운 검색대를 통과하면 엘리베이터를 타고 한층 위로 올라와야 한다. 그러면 사그라다 파밀리아 성당 정문이 나오는데 성당 안으로 들어가기 앞서 이곳에서 놓치지 말아야 할 것이 성당 벽면의 파사드이다. 예수의 생애 주기별로 성당 벽을 조각해 놓았다. 예수님의 탄생, 예수님의 유년 시절, 예수님의 공생애, 예수님의 수난 그리고 예수님의 십자가의 죽음 등을 성당 외벽에 조각해 놓았으니 꼭 살펴보고 들어가기를 추천한다.

사그라다 파밀리아 기둥에 새겨진 마가

 드디어 성당 안으로 들어가면 먼저 양쪽의 거대한 스테인드글라스가 눈에 확 들어온다. 그리고 들어오자마자 누구나 천장을 바라보게 되는데 마치 숲속의 나뭇가지들이 뻗은 것 같은 형상으로 성당 천장이 만들어져 있다. 가우디는 성당을 만들면서 성가와 파이프오르간 소리가 성당 곳곳에 잘 전달되게 하기 위해 애를 썼다고 한다. 가우디는 늘 그의 작품의 모티브를 자연에서 찾았다. 사

사그라다 파밀리아 성당

사그라다 파밀리아의 십자가에 달리신 예수

사그라다 파밀리아의 파사드

사그라다 파밀리아 성당 앞에서

그라다 파밀리아도 마치 숲속에서 예배 드리는 것 같은 느낌이 나도록 만들었다.

사그라다 파밀리아 성당의 시그니처는 예배당 전면에 자리 잡고 있는 십자가에 달리신 예수 상이다. 예수님께서 십자가에 달린 채 예배당 전면 천장에 매달려 계신다. 이곳에서 조용히 앉아 이 예수님을 바라보는 것만 해도 마음이 평온해지고 마음속 깊은 곳에 우러나는 기도가 절로 나온다.

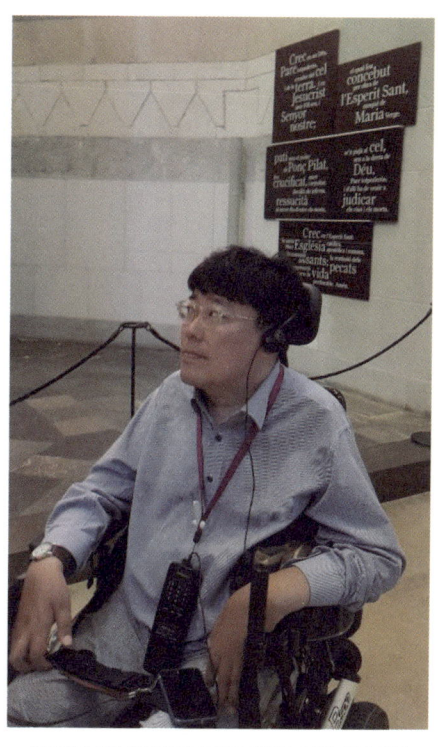

사그라다 파밀리아에서 오디오 가이드 이용 중인 필자

이곳에는 성당 종탑 전망대가 있는데 엘리베이터가 너무 좁고 계단을 거쳐 엘리베이터를 이용해야 하기 때문에 휠체어 장애인들은 전망대의 오르는 것이 불가하다. 그 점이 많이 아쉽다. 그리고 예배당 전면 왼쪽으로 가면 지하 공간이 보이는데 이 천재적인 건축물을 만든 가우디가 잠들어 있다.

3. 유럽 245

바르셀로나의 재래시장
보케리아 시장

　여행 중에서 빼놓지 말아야 할 것은 현지 재래시장을 방문하는 것이다. 현지인들의 생동감 넘치는 생활상을 고스란히 볼 수 있기 때문이다. 바르셀로나의 유명한 재래시장 보케리아 시장은 람블라스 거리 중간쯤에 위치하고 있다. 바르셀로나 대표적인 관광 포인트인 람블라스 거리를 구경을 하면서 내려오다 보면 유난히 사람들이 한쪽으로 길을 건너는 모습을 보게 된다. 거기가 바로 보케리아 시장이다.

　우리 휠체어 장애인들이 조심해야 할 것은 이곳에 관광객들이 어마어마하게 많다는 것이다. 사람들에 밀려서 이동을 해야 하는 상황이다. 그러니 앞 사람을 치는 사고가 나지 않도록 조심해야 할 것이다. 나도 몇 번 앞사람의 발꿈치를 칠 뻔했다.

　보케리아 시장에 들어오면 왜 이곳에 많은 사람들이 모이는지 단

보케리아 시장

3. 유럽 247

보케리아 시장의 하몽

번에 알 수 있다. 보기만 해도 매우 신선한 것이라는 것을 알 수 있는 수많은 과일들이 우리를 기다리고 있고, 물 좋은 생선, 빛깔이 영롱한 육류들이 손님들을 기다리고 있다. 중간에 음식을 사 먹을 수 있는 곳도 있는데 사람이 너무 많다 보니 자리도 없을 뿐더러 사람에 치여서 먹을 엄두가 나지 않는다. 나는 여기서 아주 빛깔이 좋은 체리와 딸기를 사서 호텔에 가서 먹었는데 얼마나 맛있었는지 모른다. 한국의 과일은 비교도 안 될 정도로 달고 맛있다. 여행을 오래하게 되면 과일을 먹기가 쉽지 않은데 이 시장에 들러 맛있는 과일을 사 드시기를 추천한다. 피로회복에도 좋아 다음 날 여행할 수 있는 원동력을 제공할 것이다.

그리고 이곳의 시그니처는 뭐니 뭐니 해도 하몽이라고 생각한다. 돼지 뒷다리를 통째로 염장을 해서 말려 놓은 것인데 이것을 얇게 썰어 빵에 넣어서 먹거나 샐러드에 얹어서 먹는다. 염장했다고 해서 엄청나게 짜지 않고 담백하면서 고소한 맛이 있어 어떤 음식에도 잘 어울린다. 보케리아 시장을 다니다 보면 돼지 뒷다리가 주렁주렁 매달려 있는 것이 흔한데 이게 바로 하몽이다. 소포장되어 있는 제품도 많으니 사

하몽들

서 즐겨 보시기를 추천한다. 포장이 잘 되어 있기 때문에 바르셀로

나 여행 기념으로 사서 한국에서 먹는 것도 좋을 것이다.

　보케리아 시장을 둘러보면서 내가 정말 안타까웠던 것은 고기를 사지 못했다는 것이다. 호텔에서는 조리를 할 수 없기 때문에 고기를 따로 구워 먹을 수도 없고 너무 안타까웠다. 고기가 얼마나 좋아 보이는지 정말 사고 싶었는데 말이다. 값도 비싸지 않았던 것으로 기억된다. 이번 유럽 여행을 하면서 느낀 건데 런던에서도 그렇고 고기가 참 좋아 보인다. 아주 신선해 보이고 맛있어 보인다. 하지만 조리를 해 먹을 수 없으니 그림의 떡이었다.

　그리고 아주 여러 종류의 와인과 치즈를 파는 곳도 있다. 와인을 좋아한다면 저렴한 와인부터 비싼 와인까지 다양하게 있으니 와인을 사서 즐기는 것도 좋을 것이다. 와인만 고르는 것이 아니라 와인과 어울리는 치즈를 구매하는 것도 좋을 것이다. 스페인은 지중해를 끼고 있는 국가이고 지중해성 기후이기 때문에 포도가 참 좋고 와인이 훌륭하기로 유명하다. 와인과 치즈를 사서 자기 전에 한잔 한다면 그날 여행의 피로를 충분히 풀 수 있을 것이다.

　다시 강조하고 싶다. 이곳에는 사람이 엄청 많으니 휠체어로 다닐 때 조심해야 하고 소매치기에 주의해야 한다. 한국에서처럼 휠체어에 중요한 가방을 대롱대롱 매달고 다니면 안 된다. 꼭 몸 앞으로 목이나 어깨로 메서 다니기를 추천한다.

무적함대 스페인의 영광을 연 콜럼버스 기념비

　럼블라스 거리에서 바르셀로나 해변 쪽으로 계속 내려오다 보면 아주 높이 우뚝선 동상이 보이는데 그것이 콜럼버스 기념비이다. 이 기념비는 콜럼버스의 아메리카 첫 항해를 기념하기 위하여 1888년 바르셀로나 만국박람회 때 만들어졌다고 한다. 높이가 40m 되는 이 기념비는 콜럼버스가 바르셀로나 앞바다를 손으로 가리키면서 우뚝 서 있는데 마치 지금이라도 당장 항해를 위해 지중해 바다로 뛰어들 것 같은 모습이다. 이 콜럼버스 기념비에는 4유로의 이용료를 내면 엘리베이터를 이용하여 전망대까지 올라갈 수 있다. 그러나 계단이 조금 있고 승강기가 너무 작아서 휠체어 장애인들은 이용하기가 불가능하다.

　나는 한참 콜럼버스 동상을 바라보았다. 당시 스페인보다 대항의 시대를 먼저 연 포르투갈에서 거절당한 콜럼버스의 제안을 스페인 이사벨 1세 여왕도 거절했다면 콜럼버스는 아메리카 대륙을 발견

바르셀로나 요트 마리나

바르셀로나 선착장

바르셀로나 유람선

하지 못했을 것이다. 그랬다면 그때 이후 본격적인 대항해 시대를 연 스페인에 의해 아메리카 대륙 전체가 스페인의 식민지가 되지 못했을까… 그랬으면 지금처럼 중남미 사람들이 스페인어를 쓰지 않고 각자 자신의 민족의 언어를 쓰고 있지 않을까… 지금 내가 바라보고 있는 콜럼버스 이 사람이 존재하지 않았더라면 우리가 알고 있는 세계사가 정말 많이 바뀌었을 것이라고 생각하니 참 흥미로웠다.

콜럼버스 동상이 바라보고 있는 바다를 보고 있자니 유람선과 요트들이 눈에 띄었다. 혹시 휠체어로 탑승 가능한 유람선이 있을까 하여 선착장으로 가서 알아보았다. 다행스럽게도 휠체어 탑승이 가능한 작은 유람선이 있었다. 출항 시간이 얼마 남지 않아서 서둘러 배에 올랐고 이내 배는 출발했다.

40분 정도 바르셀로나 앞바다를 한 바퀴 돌고 돌아오는 코스이다. TV로만 보던 푸르고 아름다운 지중해를 짧은 시간이지만 느낄 수 있어서 참 행복했다. 마음 같아서는 이 배를 타고 그냥 포르투갈까지 가고 싶은 마음이 굴뚝같았다.

콜럼버스 기념비가 있는 광장 앞으로는 선착장도 있지만 멋진 해산물 요리 식당도 있으니 바르셀로나의 신선한 씨푸드를 즐기는 것도 좋을 것이다.

| 에필로그 |

  이것으로 미국 서부와 싱가포르 크루즈, 유럽 여행 이야기를 마치려고 한다. 내가 보고 느낀 것은 엄청 많으나 글솜씨가 좋지 않아 제대로 표현되지 못한 것 같아 큰 아쉬움이 남는다. 이 책의 내용은 여기서 마치지만 기회가 된다면 내가 여행한 다른 나라의 이야기를 책으로 만들어 소개하고 싶다. 부끄러운 글인데 끝까지 읽어 주신 독자들께 깊은 감사를 드린다.